IDEIA

IMPRENSA DA UNIVERSIDADE DE COIMBRA
COIMBRA UNIVERSITY PRESS

EDIÇÃO
Imprensa da Universidade de Coimbra
Email: imprensa@uc.pt
URL: http//www.uc.pt/imprensa_uc
Vendas online: http://livrariadaimprensa.uc.pt

DIREÇÃO
Maria Luísa Portocarrero
Diogo Ferrer

CONSELHO CIENTÍFICO
Alexandre Franco de Sá | Universidade de Coimbra
Angelica Nuzzo | City University of New York
Birgit Sandkaulen | Ruhr-Universität Bochum
Christoph Asmuth | Technische Universität Berlin
Giuseppe Duso | Università di Padova
Jean-Christophe Goddard | Université de Toulouse-Le Mirail
Jephrey Barash | Université de Picardie
Jerôme Porée | Université de Rennes
José Manuel Martins | Universidade de Évora
Karin de Boer | Katholieke Universiteit Leuven
Luís Nascimento | Universidade Federal de São Carlos
Luís Umbelino | Universidade de Coimbra
Marcelino Villaverde | Universidade de Santiago de Compostela
Stephen Houlgate | University of Warwick

COORDENAÇÃO EDITORIAL
Imprensa da Universidade de Coimbra

CONCEÇÃO GRÁFICA
Imprensa da Universidade de coimbra

PRÉ-IMPRESSÃO
Bookpaper

EXECUÇÃO GRÁFICA
KDP

ISBN
978-989-26-1708-4

ISBN DIGITAL
978-989-26-1709-1

DOI
https://doi.org/10.14195/978-989-26-1709-1

DEPÓSITO LEGAL
456344/19

© MAIO 2019, IMPRENSA DA UNIVERSIDADE DE COIMBRA

FILOSOFIA, PSICOLOGIA E PSIQUIATRIA

A LIBERDADE NA ANTROPOLOGIA DE HEGEL E A CRÍTICA AO MODELO MECANICISTA DA PSIQUIATRIA

RUI GABRIEL S. CALDEIRA

Dedicado a todos os que se arriscam a ensinar os perplexos.

SUMÁRIO

Introdução..9

CAPÍTULO I
O modelo médico organizador da Psiquiatria
    1.1. A origem do modelo médico orgânico...............................23
    1.2. Como se organizou a Psiquiatria 29

CAPÍTULO II
O modelo da causalidade em Psiquiatria: a vida mental como mecanismo e a consciência como produto biológico
    2.1. A inaplicabilidade do pensamento causal ao comportamento e à consciência..35
        2.1.1. O homem é *ser no mundo* 35
        2.1.2. Subjetividade e Psicanálise 38
    2.2. Crítica socio-política, filosófica e nosográfica da Psiquiatria..........40
        2.2.1. Argumentos da Anti-Psiquiatria................................40
        2.2.2. Críticos contemporâneos do modelo da psiquiatria...............43
            2.2.2.1. Thomas Szasz: a doença mental não existe....................43
            2.2.2.2. Ronald Laing: considerações fenomenológicas em Psiquiatria 48
        2.2.3. Efeitos negativos dos psicofármacos sobre o existir pessoal...52
        2.2.4. A chave da resolução: a relação do sujeito consigo mesmo 58

2.2.5. A consulta psiquiátrica: o psiquiatra, o paciente
e a narrativa do sofrimento 62

CAPÍTULO III
O espírito, a consciência e a loucura segundo Hegel

3.1. Filosofia da criação da consciência 67

3.1.1. O propósito da *Antropologia* 67

3.1.2. O sistema filosófico hegeliano 69

3.1.3. O que é o espírito? 71

3.1.4. Dialética, liberdade e loucura 73

3.1.5. A semântica da alma e do espírito 80

3.2. A Ciência do Espírito Subjetivo 84

3.1.1. O acordar do espírito para si 84

3.2.2. A metafísica da germinação do espírito:
o *conceito* do espírito 86

3.2.3. Liberdade e existir 90

3.2.4. A subjetividade do espírito 92

3.2.5. O caminho para a consciência 95

3.2.6. O juízo dialético que acorda o sujeito 98

3.3. Filosofia e saúde 100

3.3.1. O conceito de vida 100

3.3.2. Filosofia da Loucura 104

3.3.2.1. A origem da contradição intra-psíquica 104

3.3.2.2. A região metafísica e antropológica da Loucura 109

3.3.2.3. A crise interior do sujeito 112

3.3.2.4. A ontologia da subjetividade quebrada 113

3.3.2.5. Loucura: falta de liberdade ou "morte em vida" 117

3.3.2.6. A felicidade do espírito: *ser* livre 121

3.3.2.7. A caminho de uma Filosofia da Psicologia.
O inconsciente, a vontade e a consciência 123

3.3.2.8. A Filosofia do núcleo psicótico 135

3.3.2.9. Classificação hegeliana das desordens mentais..............138
3.3.2.10. As formas gerais da Loucura...141
3.3.2.11. Filosofia da cura. Esboço de uma Filosofia
    da Psicologia 144

CONCLUSÃO.. 155

BIBLIOGRAFIA... 165

INTRODUÇÃO

Fez 200 anos que Hegel publicou a 1ª edição da *Enciclopédia das Ciências Filosóficas em Compêndio*. É um privilégio relê-la e aplicá-la no século XXI.

O presente texto é uma atualização da dissertação de doutoramento em Filosofia, "Filosofia e Psiquiatria. Loucura, Dialética e Liberdade: da *Antropologia* de Hegel à abordagem crítica e fenomenológica da Psiquiatria no século XX", apresentada à Faculdade de Letras da Universidade de Coimbra (2015). É uma reflexão sobre a profundidade, densidade e vitalidade da *nuvem* intelectual, especialmente sobre a perturbação psíquica. Como tem que ver com saúde e constitui um tema da ordem do dia, deve poder chegar aos leitores de todas as áreas. Reduzi, por isso, a linguagem técnica ao mínimo possível.

Tomo como centro de sustentação filosófico um capítulo da *Enciclopédia* de Hegel, a *Antropologia*, texto onde o filósofo revela como se cria a consciência, onde reflete sobre a *loucura* e no qual constrói uma classificação da *desordem mental*, fato singular na história da filosofia.

Uma das perguntas-tema da 19.ª *Conferência Internacional de Filosofia e Psiquiatria*, realizada em Madrid (2017) é a seguinte: *O nosso cérebro deixa-nos tomar decisões livremente?* Para ser justa, esta pergunta deveria ser acompanhada da sua congénere e complementar que aqui deixo: *as nossas decisões influenciam o metabolismo e a micro-anatomia cerebral ou estes decorrem "livre" e independente das decisões?*

O saber imediato de nós próprios, consequente à integração da sensação da nossa presença na *nuvem* psíquica chama-se consciência imediata. É o *insight* percetivo de si mesmo que cada um de nós tem;

a boia de salvação imediata do indivíduo na forma de memória de si. Esta fotografia percetiva do próprio é uma forma viva do espírito, e a *Antropologia* hegeliana, um dos mais belos e profundos textos filosóficos, exibe justamente como ela é criada.

E, o que é o espírito? O espírito é o homem. Não é uma entidade transcendente imaterial ou algum sopro extra-humano. O espírito é a pessoa toda, corpo das necessidades atravessado pela vontade infinita do espírito que lhes dá significado humano. É o *Eu* corporalizado que deseja, pensa e se pensa, e chega a perceber que é (pode ser) mais do que o que aqui está.

Esse "algo" "a mais", presente, é a sua transcendência real. Digo "real" porque normalmente quando usamos o termo "transcendente" fica a ideia que estamos em presença de alguma coisa supra-humana; com o termo "real" constato a presença. Sendo real, cada indivíduo, mesmo inconscientemente, sabe possuir o poder da auto-conceção, de auto-superação. Inclusive suplantar o próprio tempo, por isso é infinito. Devido a esse potencial auto-produtivo, pode dizer-se, o espírito manifesta-se auto-concebendo-se. O homem é assim o sujeito-corporal livre capaz de exteriorizar a sua essência, produzir-se a si mesmo. Anotemos que esta produção é a presença aqui e agora, logo corporal.

A contribuição de Hegel para resolver a clássica divisão do homem em dois, corpo e mente – o chamado dualismo cartesiano –, pelo facto de considerar o homem como uma globalidade espiritual-corporal, misto de racionalidade e impulsividade animal, é excecional, mas também surpreendente na medida em que este filósofo foi alvo de uma tradição maldizente que, por desconhecimento e enviesamento político, o desenhou como um pensador abstrato avesso à natureza carnal. Causa espanto o facto de Hegel, afinal, não ser o pensador racionalista puro que alguns pensadores como Kierkegaard ou Feuerbach julgaram. Atribuiu importância decisiva à corporalidade, ao inconsciente pulsional e à sua presença na consciência humana como determinantes inalienáveis da razão e do espírito. Na sua *Antropologia* há muito mais: assistimos, por exemplo, ao nascimento da ética e da moral a partir do emocional humano, a origem dos princípios do agir, portanto, à irrupção do comportamento com sentido humano desde o princípio, precisamente na primeira relação de todas do espírito, a relação do homem consigo mesmo.

O início da vida espiritual, apresentado no primeiro capítulo da sua Filosofia do Espírito, a *Antropologia*, revela que o homem se vive vivendo o cosmos e a corporalidade. Deste viver emerge o sujeito, agente de si, e a construção da consciência. Neste capítulo aprendemos a onto-arqueologia do comportamento. Podia ser estudado numa disciplina à qual designaríamos por *Filosofia da Psicologia*.

Assim, no início da biografia do espírito, sublinhemos, o inconsciente, a natureza desejante e a loucura revelam-se constituintes da razão e dos processos intelectuais, e o homem, pode dizer-se, joga a sua existência. Isto acontece porque o imbricamento dialético destes elementos antropológicos determina a estruturação da nuvem mental, logo a autonomia individual.

Ao contrário da ideia tradicional que os filósofos não se interessam pela medicina ou pelos conceitos médicos, Hegel, apogeu da idealismo alemão, no capítulo 408 da sua *Enciclopédia*, compreende, explica, aprofunda e define a *loucura*, estágio onde a relação do homem consigo mesmo atinge a fase de conflito máximo, base da desordem mental. Para esta etapa psíquica, Hegel, construiu uma nosografia e uma nosologia.

No início da vida mental, que já envolve a relação com o mundo exterior através da corporalidade, o espírito recebe e integra o vivido, consolida-se, adequa-se a si próprio. Estrutura a sua arquitetónica psíquica. Visto na perspetiva ontológica, o espírito constrói nuvens psicológicas que, insisto, nunca são desligadas do viver quotidiano; são figurações intelectuais cada vez mais próximas da sua essência, que é ser livre; deste modo vai *sabendo* (vai-se tornando consciente) que é livre. Cria memória e ganha autonomia: energia *anímica* para se desenvolver e auto-produzir plenamente com vista a ser feliz. Eis o ponto nuclear de toda a filosofia de Hegel. É isto que importa aplicar.

Hegel procurou compreender como acontece a estruturação inteletiva e exibiu o seu estudo num espetro que passa por três configurações essenciais, dinâmicas e misturadas entre si: a subjetiva – o espírito relaciona-se consigo mesmo –, a objetiva – o homem projetado numa sociedade organizada – e, finalmente, livre, quando já é espírito absoluto, na arte, na religião e na filosofia. Nenhuma delas desaparece. As fases, as figurações e o processo, mantêm-se como vida na profundidade ontológica.

Neste livro, como procuro atingir o âmago do que seja a desordem mental, explorarei a fase subjetiva do homem, especialmente o primeiro estágio, a *Antropologia*, onde o filósofo estuda a relação íntima, subconsciente, do homem consigo mesmo, e as consequências para sua vida, no presente e no futuro. Esta fase é também a mais chocante de todas porque é nela que o espírito sofre o embate psicológico consigo próprio, experimenta o seu mundo mais imediato, o corpo e as pulsões carnais da finitude que o subjugam e tornam finito.

Nos primeiros momentos da criação e organização da *cloud* psíquica, o espírito percebe que a sua constituição inclui "algo" diferente da sua natureza infinita: é o corpo. Lutará então, inconscientemente, para o tornar "seu", "parte" de si, para "com" ele construir uma totalidade. Sabendo-se uno, é consciência. Mas, enquanto não consegue satisfazer essa necessidade de se saber integral, experimenta a *loucura* de viver interiormente dividido.

A *Antropologia*, focada na fase subconsciente da maturação mental, na verdade, revela a força e a capacidade intrínseca natural do espírito, portanto, da liberdade pois, sendo inconsciente, ainda assim luta para se conquistar a si mesmo; criará uma imagem de si próprio unificado, uma memória, e tornar-se-á imediatamente consciente.

A *loucura* é uma fase intrínseca da vida intelectual que todos experimentamos em maior ou menor grau, mas que, por motivos idiossincráticos, alguns têm maior dificuldade para superar. Na sua essência é constituída por um bloqueio íntimo da razão resultante da oposição viva, na profundidade intelectual, "entre" a natureza finita do corpo "e" a liberdade essencial e infinita do espírito. Este bloqueio impede que a relação connosco próprios seja satisfatória. Constitui, por isso mesmo, o lugar privilegiado para a abordagem filosófica ao tópico da saúde mental.

Este estádio de maturação psicológica é o da passagem do caos, e da inexistência de estrutura mental, para uma nuvem psíquica de significação pessoal. Chama-se também fase psíquica porque envolve a corporalidade e a sua ordenação no sistema da razão; a relação de envolvimento mental-corporal, ou racional-percetiva, é dialética. Sendo corporalidade e racionalidade, o espírito nesta fase precoce da sua intelectualidade chama-se espírito-natureza, espírito-natural ou *alma*, outrora designada *psiqué*. A *Antropologia* é, assim, o caminho *onto*-lógico da alma. Dito por outras palavras, é o caminho que dá ordem ao *ser* da alma.

O normal é que aquela fase conflituosa, a *loucura*, seja superada. Caso persista, num estado ao qual os psicólogos e os psiquiatras fazem referência com designações diferentes, como mente fendida ou dividida, já enunciada por Hegel, o sujeito experimenta um estado psicológico caracterizado por bloqueio da capacidade para ordenar acompanhada progressivamente por sofrimento pessoal. A *loucura* é uma configuração psicológica, portanto, não se "apanha" como a gripe, a não ser como resultado direto da tomada prolongada de drogas legais (psicotrópicos) ou ilegais (como a cocaína) durante as quais há afetação tóxica com destruição irreversível dos tecidos do cérebro.

A pessoa, o fenómeno espírito, não existe sem ser na dimensão do manifestado; uma manifestação que só acontece porque o espírito é livre. Quando estudamos o homem deste modo, como agente de si, deparamo-nos com uma elipse ontológica: o espírito, agindo, conhece-se (fica a conhecer que é livre para agir) e, ao se conhecer assim, tem consciência de ter realizado a sua essência (que é ser livre e capaz de se produzir); portanto, manifesta-se (age produzindo-se, é presença) e passa a conhecer-se, num patamar ontológico cada vez superior, isto é, mais livre.

Com Hegel, a própria disciplina Antropologia sobe a um patamar de excelência; não se restringe já à ciência que estuda a evolução do animal terrestre *homem, cuja característica distintiva, por ter o órgão cérebro, é ser racional*; Hegel coloca o homem num patamar que nenhum outro pensador conseguiu: o homem é o deus que ele próprio sempre procurou fora de si, lá longe, no céu; o homem é o artista criador de si mesmo e a própria obra de arte; é sujeito misto corporal-espiritual dotado de capacidade para se criar e recriar infinitamente. E, a consciência é isso mesmo, uma criação de si, da relação imediata do homem consigo próprio.

De sublinhar que, apesar da natureza instintiva e desejante, não poucas vezes, usurpar a função da consciência e o agir, é preciso dizê-lo já em abono de uma das teses nucleares deste texto, a primazia ontológica é da espiritualidade, da Ideia eterna de ser livre que, em virtude da faculdade dialética racional, se auto-realiza eternamente. Isto significa também que os conceitos e os princípios que regem a razão e o comportamento não são implantados diretamente na consciência ou na vida intelectual pelo corpo ou pelo mundo; a capacidade compreensiva da razão faz a mediação, isto é, interpreta o que experimenta, cria princípios e edifica o homem outorgando--lhe dignidade. "Com" esses princípios, vivendo-os e vivendo-se, o homem regula e planifica o viver quotidiano e projeta o futuro. Esta cogitação leva-nos ainda mais fundo: percebemos que o embrião da vida psíquica e da autonomia nascem, primeiro, na relação connosco próprios – já sempre conetados com o mundo, como Hegel mostra logo nos primeiros capítulos da *Antropologia* –, facto que constitui a génese da consciência. Pode, por isso, confirmar-se, a *loucura* faz parte da vida íntima desde a génese.

Todo o desenvolvimento posterior do espírito, não há dúvida, tem aqui a sua origem e base de sustentação psíquica. E, como veremos, é da esfera psíquica que irrompe o ético e o moral, portanto, o agir. Assim sendo, eis o cerne deste texto, a consciência não se reduz a um resultado bioquímico dentro da caixa craniana; é uma conformação do espírito, do todo humano *produzido produzindo*, a primeira grande edificação existencial, tangível, de si.

Seja qual for o campo da discussão, a Filosofia faz ou deve fazer vir à tona todos os elementos do debate bem como explorar a sua profundidade. A autoridade de Hegel nesta reflexão invade o campo clínico porque a medicina, especificamente a psiquiatria, domina o campo do desequilíbrio mental e este comporta alguns elementos da consciência. Trata-se de uma tradição clássica da Filosofia especialmente tratada por Platão e Aristóteles; assim, a legitimidade do filósofo alemão é absoluta. Além disso, Philippe Pinel, vulto da psiquiatria, estava perfeitamente sintonizado com a explicação de Hegel sobre o fenómeno.

Cabe então perguntar: afinal, o desequilíbrio intelectual, é uma doença, uma fase normal do quotidiano vivido, ou "apenas" um conceito ou uma convenção mal definida?[1] E, havendo perturbação mental, de quem é a responsabilidade e a quem cabe solucioná-la? Que pode uma pessoa fazer para restabelecer o equilíbrio psíquico?

Se a vida pessoal começa na auto-relação a que chamamos *vida psíquica*, é para aqui que a primeira resposta aponta. A rutura acontece no turbilhão natural e pessoal dos processos mentais onde o homem

---

[1] Bolton, D., *What is mental disorder? An essay in philosophy, science and values*, Oxford University Press, Nova Iorque, 2008, pp. 164-165. Ver ainda Eric Matthews em *Body-subjects and disordered minds*, 2007, p. 10, "Perhaps what needs to be examined is not so much whether mental disorder is an illness, but whether we are trying to operate with an inadequate conception of illness". Ver ainda Berrios, G.E., *The history of mental symptoms: Descriptive psychopathology since the nineteenth century*, Cambridge University Press, Nova Iorque, 1996, nas páginas 10: "Psychiatry (...) its truth value (...) syntom descriptions must be unencumbered by semantic confusion and be based on multiple and reliable clinical observations".

joga simultaneamente a *loucura* e a autonomia. Não há "culpa" ou responsabilidade pela cisão, que acontece porque há vida, e esta, porque é bafejada pela liberdade, já contém "dentro" de si oposição. Não é um vírus que se apanha nem uma qualidade que se transmite geneticamente. O racional-dialético, isto é, o indivíduo, pode sofrer uma parálise no seu processo maturativo devido a algum contratempo do quotidiano que o obrigou a refletir sobre o que aconteceu, ou então, caso não consiga compreender assimilando internamente o sucedido, pode bloquear nesse impasse, com rutura interna, perturbação e conflito: a *loucura*.

O contexto mundano é um elemento participante, tem peso, mas é a liberdade que pesa mais, ela é o combustível da dialética; anima a compreensão e a integração do todo, pessoa e mundo, na estruturação da nuvem psíquica. Se esta não se adequar ao vivido, isto é, se não se atualizar e não consubstanciar humanidade, o conflito interior persiste. A chave está aqui. As estruturas e os processos concetivos são universais, quer dizer, tanto a capacidade para superar a contradição mental como a instalação da loucura são vias naturais; a solução está em cada um e nas condições pessoais que permitem ou não que a liberdade concetiva e formadora se manifeste.

Claro, desta assunção imediatamente se podem assacar perguntas do foro moral/político como: "será, o indivíduo, totalmente responsável pelas ações? E o contexto habitado, não conta?". A resposta é que não é possível provar cabal e cientificamente um ou outro; tal como não é possível provar a "responsabilidade" do meio envolvente; logo, a aferição da "responsabilidade" é ela também uma posição subjetiva. Convenciona-se. Isto seria um texto complementar. Mas a questão mantêm-se: quais as estruturas ou a essência humana? É a isto que respondo quando, com Hegel, mostro que o essencial e universal humano é a liberdade. Liberdade para (se)fazer.

A infinitude que Hegel põe em evidência e que subreticiamente acompanha todo o desenrolamento e maturação psíquica é a capacidade única que cada sujeito tem para se recriar, fenómeno que constitui a qualidade antropológica por excelência. Atente-se que quando falamos de recriação pessoal interior, na verdade, referimo-nos à recriação da consciência. E esta só se gera, reconstitui ou reequilibra, dialeticamente. Não vale a pena introduzir drogas psicotrópicas no sistema. Estas vão produzir afetação do núcleo pessoal.

Outro pilar da tese está aqui. Foi o que preconizou Philippe Pinel. Conhecido por rejeitar as terapias mecânicas e os métodos físicos da psiquiatria como a imersão, a purga sanguínea ou o baloiço, este psiquiatra defendeu que os que sofrem com desordem mental precisam, não de práticas violentas, mas de atenção e carinho, humanidade. Hegel celebrizou-o e concordou com a sua tese de fundo: para ajudar a restabelecer alguém psicologicamente afetado deve estimular-se a capacidade compreensiva, o *resíduo de razão* que subsiste. Como a *loucura* não é um estado acabado, resta sempre um fundo racional estimulável, um remanescente de capacidade psíquica que um relance reflexivo pode reacender encaminhando o todo para a salvação de si mesmo. É isto que estimula o processo e promove a superação da rutura interior, a reconciliação íntima. Na verdade, reinicia a conceção da consciência e com esta, a construção de uma (nova) memória ou representação de si, um (novo) *Eu*, tábua de salvação da loucura.

Eis a resposta de fundo: o próprio "contém" em si todas as estruturas que o ajudam a salvar-se da *loucura*.

No campo que correlaciona a filosofia e a medicina, a disputa contemporânea pelo conceito "doença mental" envolveu essencialmente duas posições: a que defendeu que a desordem mental é um estado fisiológico, ou seja, uma doença orgânica com disfunção anatomo-fisiológica; eis o modelo bio-psico-farmacológico da psiquiatria[2]; o

---

[2] American Psychiatric Association (A.P.A.), *Diagnostic and Statistical Manual of Mental Disorders* (D.S.M.), 3rd edition (D.S.M.-III), A. P. A., Washington, 1980, p. 6: "In D.S.M.-III each of the mental disorders is conceptualized as a clinically significant behavioural or psychological syndrome or pattern that occurs in an individual and that

outro lado da disputa defende que a *desordem mental* não se limita às ciências exatas; é consequência de *uma existência pessoal desequilibrada*[3]. O seu autor mais contundente foi Thomas Szasz, psiquiatra e professor de psiquiatria; segundo este, não existe a coisa "doença mental"; trata-se de uma invenção por parte dos *lobbies* de interesse como os laboratórios farmacêuticos, e do próprio estado, o *lobby* maior, com o intuito de controlar o comportamento dos cidadãos; para ele, a psiquiatria é como a alquimia ou a astrologia, uma pseudociência. Esta postura, primeiro, chocou, depois construiu uma tradição que tem refletido sobre todos os tópicos da psiquiatria: ética pessoal, médica, *lobbismo*, farmacologia ou o papel do estado. Um dos assuntos constantemente revisitado é o dos efeitos agressivos das drogas psicotrópicas usadas nas terapias psiquiátricas.

Do lado do modelo médico, lembro, a ideia clássica de doença assenta numa base orgânica, tese que representa o sustento da psiquiatria clássica; afirma que a alteração bioquímica cerebral *é* a doença mental. Esta explicação apenas é absolutamente verdadeira para pessoas que nascem com, ou desenvolvem, defeitos neurológicos, também previsto por Hegel, como é o caso das doenças de Alzheimer ou Parkinson, e para aqueles que ingerem prolongadamente drogas (legais ou ilegais) com consequente dano cerebral, todas elas, eviden-

---

is typically associated with either a painful symptom (distress) or impairment in one or more important areas of functioning (disability). In addiction there is an inference that there is a behavioural, psychological, or biological dysfunction, and that the disturbance is not only in the relationship between the individual and the society". Esta definição de desordem mental, apresentada pela A.P.A., só aparece na terceira edição do D.S.M.. A definição dada pela A.P.A., tanto na terceira edição, como na quarta (1994) – onde surge ligeiramente modificada – deixa claramente sub-entendida a ideia de uma causalidade fisicalista, ou seja, que a desordem/doença mental é uma disfunção essencialmente biológica (veja-se Cooper, R., *Classifying madness, a philosophical examination of the Diagnostic and Statistical Manual of Mental Disorders*, 2005, pp. 9 e 18).

[3] Matthews, E., *Body-subjects and disordered minds: treating the whole person in psychiatry*, 2007, p. 116. Ver também Swain, G., *Dialogue avec l'insensé, essais d'histoire de la psychiatry*, Ed. Gallimard, Paris, 1994, p. 274.

temente, acompanhadas por desequilíbrio psicológico. Logicamente, a disciplina médica que se lhes adequa é a neurologia.

Os elementos psicológicos envolvidos no desenvolvimento e maturação da consciência, e as figurações realizadas, não são do género de uma escada com degraus fixos, mas essencialmente correlação dinâmica superiormente compreendida, isto é, mediada e integrada pela razão. Esta capacidade é a vida dialética e alimenta o âmago da natureza do espírito; é ela que resgata o homem dos estágios psíquicos aberrantes. O seu bloqueio produz perda de liberdade racional; é este acontecimento que está no cerne da *loucura*.

Este tópico da desordenação intelectual está hoje no centro do diálogo filosófico que, como sempre, pergunta "o que é o homem?", neste caso, "é, a *loucura*, interior ou exterior a 'o que é o homem' ?"

René Descartes, fundador da modernidade filosófica, na tentativa de definir justamente "o que é o homem", impulsionou a tradição mecanicista; tese segundo a qual o homem resulta *do encadeamento orgânico de vários fenómenos sujeitos às leis da causalidade*. No seu *Tratado do Homem*[4] declarou que "não há nada mais proveitoso com o qual alguém se possa ocupar do que o esforço para se conhecer a si mesmo. E a utilidade que devemos esperar desse conhecimento não se dirige somente à Moral [...], mas particularmente à Medicina, na qual, acredito, podemos encontrar muitos preceitos seguros, tanto para curar as doenças, como para as prevenir, inclusivamente também para retardar o curso do envelhecimento se nos dedicarmos o suficiente para conhecer a natureza do nosso corpo de modo a não atribuirmos à alma as funções que só dependem daquele e da disposição dos seus órgãos"[5].

---

[4] Descartes, R., *L'Homme et un traité de la formation du foetus*, edição bilingue, Prensas Universitárias de Zaragoza, Zaragoza, 1987.

[5] Ibidem, pp. 49-51.

A ideia dualista está aqui representada: segundo o filósofo, o homem é formado por duas substâncias (dual), o corpo, com determinadas funções, e a alma, com outras. Nesta perspetiva, a precursora do modelo médico moderno, a saúde depende do corpo, mais especificamente, da relação funcional entre os órgãos; esta é a tese orgânica, mecanicista, do homem segundo a qual os mecanismos que regem *a interconexão entre os órgãos do corpo são como os de um relógio*[6].

Este, é o método que encontramos na física, na química e na matemática. Nesta ótica, um indivíduo está *doente quando o organismo (o corpo) apresenta uma falha no seu funcionamento fisiológico, uma quebra nos mecanismos da máquina*[7]. Ora, como a mente não é tangível, quer dizer, não se pode *comprovar físico-quimicamente*[8], a comunidade científica enfrentou um problema filosófico que acabou por ser resolvido "identificando a mente com algo material, o cérebro"[9], gesto que se tornou determinante; passou então a *estudar-se a vida mental tendo como base a matéria orgânica*[10]. Dizendo-o com outras palavras, já que não havia um teste verificacionista para o emocional/existencial, como por exemplo quando se faz uma pesquisa a marcadores tumorais ou ao açúcar no sangue, os teóricos da psiquiatria homologaram o sofrimento existencial a disfunção fisiológica passando a chamá-lo "doença" que explicaram como falha (a causa) nalgum circuito fisiológico, no interior do órgão cérebro. Isto é o determinismo biológico do pensamento. Na perspetiva desta tese naturalista, ser saudável é estar biologicamente *normalizado* e isento de constrangimentos nas

---

[6] Alves, P., *Os princípios da metafísica de Descartes, exposição e comentários da metafísica cartesiana*, Ed. Colibri, Lisboa, 2002, p. 39.

[7] Matthews, E., *Body-subjects and disordered minds: treating the whole person in psychiatry*, 2007, p. 21.

[8] Ibidem, p. 61.

[9] Ibidem: "(...) a picture wich identifies the mind with something material, the brain. The mind on this view, is as much available for scientific study as anything else in the physical world (...)".

[10] Ibidem.

funções básicas do organismo. Neste sentido, pensando já nas possíveis terapias, todos aqueles que apresentem alterações relativamente aos valores convencionados são *alvo de correcção*[11], facto que reduz o acto médico a um juízo fisiológico. Este é o modelo que a psiquiatria aplica ao sofrimento e à perturbação mental.

O objetivo do presente estudo é exatamente superar a ideia de que a loucura e a consequente desordenação intelectual se reduzam a efeitos mecânicos; antes devem passar a ser compreendidos, primeiro, na região da razão dialética compreensiva, na auto-relação e desta no mundo.

A desordem mental, diferentemente da *loucura*, não é uma configuração psicológica, mas desequilíbrio racional que advém da persistência da loucura. É a falta de ordem intelectual que resultou precisamente do bloqueio da capacidade para ordenar; vejamos, se a razão não consegue funcionar, não há referência lógica para ordenar as perceções e a ação; a dificuldade para conceber intelectualmente cria desequilíbrios na arquitetura psicológica e impede a conceção de uma hierarquia do pensamento; desta forma, os princípios do agir são pouco consistentes. O indivíduo experimenta assim uma relação consigo mesmo e com o mundo insatisfatória, e concebe uma personalidade cuja autonomia é frágil enquanto aquela desestruturação psíquica persistir.

Argumentada a rejeição de que a consciência seja um produto bioquímico onde o anatómico prevalece sobre o racional dialético, conheceremos alguns dos principais críticos contemporâneos da psiquiatria que argumentam precisamente que a desordem mental é um desequilíbrio ao nível *das estruturas subjetivas da relação com o mundo*[12], e num nível mais profundo, quebra na capacidade do espírito para

---

[11] Michela, M. e Parisoli, M., *Penser le corps*, Ed. P.U.F., Paris, 2002, p. 53.

[12] Matthews, M., *Body-subjects and disordered minds: treating the whole person in psychiatry*, 2007, pp. 134-136.

agir. Mais uma vez, uma conceção hegeliana. Para a pessoa, na sua individualidade, significa incapacidade para se sintonizar consigo mesma, isto é, inibição no acesso imediato a si íntegro.

CAPÍTULO I

O MODELO MÉDICO ORGANIZADOR DA PSIQUIATRIA

1.1. A origem do modelo médico orgânico

Na antiguidade, mais especificamente entre os séculos IV e V a.c., dois acontecimentos contribuiram para que a comunidade dos homens começasse a perceber que a loucura afinal não é uma ordenação divina, um castigo ou um destino extra-humano[13]: (1) a perceção de que cada um de nós possui consciência, atitude intelectual despoletada pelas tragédias gregas e pela filosofia de Sócrates, e (2) a conclusão, por parte de Hipócrates (460-370 a.c.), fundador da Medicina, de que *todas as doenças – onde se inclui a loucura e, particularmente, a "doença sagrada", a Epilepsia – têm causas naturais*[14], são

---

[13] Porter, R., *Madness, a brief history*, 2002, p. 10 e seguintes. Refere-se o autor à conceção divina da loucura. De acordo com os mitos e os contos heróicos (como a *Ilíada* de Homero), a loucura era uma predestinação ou um castigo dos deuses. Como tal, o sujeito afetado não tinha capacidade própria para se livrar desse mal, cuja principal manifestação era a epilepsia (Assírios, 650 a.C.). A Bíblia exemplifica-o em *Deuterónimo 6:5*, Nabucodonozor, rei da Babilónia, terá sido avisado num sonho do castigo de poder ficar louco se perdesse a fé. Este modelo supranatural perdurou na religião cristã na ideia de que a angústia e o desespero resultam da luta pela posse da alma entre o espírito divino (o Bem) e o espírito maligno do diabo (o Mal).

[14] Ibidem, pp. 16 e 36-42: a saúde e a doença (e a personalidade) resultam, na sua tese, do equilíbrio entre os humores (sangue, bílis amarela ou cólera, fleuma e bílis negra ou melancolia) que circulam no corpo humano. Para um aprofundamento da história da psiquiatria poode consultar-se: Micale, M. e Porter, R., *Discovering the History of Psychiatry*, Oxford U.P., 1994; Shorter, E., *A History of Psychiatry. From the Era of the Asylum to the age of Prozac*, Wiley, Nova Iorque, 1997; Alexander, F. e Selesnick, S.,

uma consequência natural da perda de equilíbrio entre os líquidos (humores) do corpo; este modelo de raciocínio naturalista, o mecanicismo explica os fenómenos a partir da ideia de causalidade. O "pensamento causal" é a lógica típica da física, e explica que um acontecimento é o resultado inexorável de outro, a sua causa; esta racionalidade sustenta que determinado facto ou realidade final está previsto e subordinado a uma determinada lei constante para todos os acontecimentos, factos ou realidades da mesma espécie. *Causalidade* é o nome dado à inteligibilidade do processo produtor e permite ligar (de modo mecanicista) duas ordens de realidade diferentes. Podemos resumi-lo assim: *A causou B de acordo com a lei π, constante para todos os acontecimentos da mesma espécie*. Exemplo: de acordo com a lei da covalência molecular, o contacto entre dois átomos de hidrogénio com um átomo de oxigénio *produz* uma molécula de água; segundo as leis bioquímicas, o mecanismo fisiológico *A causa* sempre o comportamento ζ. Vejamos a aplicação deste modelo à vida mental: os agentes do quotidiano contatando com o nosso organismo segundo as leis da neurofisiologia, causam reações biológicas e produzem (efeito) a consciência individual. O mecanicismo, por seu lado, é o processo produtor e o modelo de pensamento que, baseado na ideia de causalidade, explica que toda a realidade, inclusive o ser humano, é o resultado de uma série de reações que no todo são o processo mecânico que causa o real.

Entre os cientistas e obras usuários desta lógica estão os trabalhos de Galeno ou Vesálio e, por exemplo, relativamente aos problemas da

---

The History of Psychiatry: an evaluation of psychiatric thought and practice from prehistoric times to the present, G. Allen & Unwin, London, 1967; G. E. Berrios, *The history of mental symptoms, Descriptive psychopathology since the nineteenth century*, 1996 (já citada); Berrios, G. E., e Porter, R., *History of clinical Psychiatry: the origins and history of psychiatric disorders*, Athlone Press, Londres, 1995; J. Howells, *World History of Psychiatry*, Bruner/Mazel, Nova Iorque, 1968; Howells, J. e Osborn, M., *A reference companion to the History of abnormal Psychology*, Greenwood Press, Westport, 1984; Goschen, C., *Documentary History of Psychiatry: a source book on historical principles*, Vision, Londres 1967.

mente, o texto *A anatomia da melancolia* de Robert Burton (1621). Foi, no entanto, Descartes, que estabeleceu a ideia de fundo mecanicista que consolidará a futura psiquiatria. Dela desenvolveu-se uma tradição que transpôs a ideia de funcionamento mecanizado do corpo para o domínio mental[15].

O cerne do pensamento dualista de René Descartes diz que *duas substâncias*[16] compõem o homem e conectam-se entre si, justamente, no cérebro, mais exatamente na glândula pineal, a sede da alma. São elas, a substância pensante – *res cogitans* –, ou seja, a mente (a alma, a partir de onde provém a consciência, a moral e a imortalidade), e a substância com extensão – *res extensa* –, a matéria, quer dizer, o corpo, do qual faz parte o cérebro, "o orgão ou sede do senso comum, da imaginação e da memória"[17]. Para o filósofo francês, o corpo é um conjunto de orgãos que interagem entre si mecanicamente, uma *máquina autónoma* que pode ser quantificada e analisada na linguagem da física e da matemática: "a doença mental, segundo esta conceção, é vista como paralelo da doença corporal"[18].

O modelo médico adotou justamente esta metodologia de causas, tipicamente científica, o método da *observação-experimentação e*

---

[15] Porter, R., *Madness: a brief history*, 2002, p. 124 citar: "One upshot was that in Pos-Cartesian medical writings, 'mental illness' in the strict sense became almost a contradiction in terms: the possibility of the mind or spirit per se being diseased was programmatically ruled out". Como só o elemento material podia "adoecer", a desordem mental passou a ser percebida como tendo base orgânica.

[16] Descartes, R., *L'Homme et un traité de la formation du foetus*, 1987, p. 51: "(...) notre Ame, entant q'elle est une substance distincte du Corps, ne nous est connüe que par cela seul qu'elle pense, c'est à dire, qu'elle entend, qu'elle veut, qu'elle imagine, qu'elle se ressouvient, et qu'elle sent pource que toutes ses fonctions sont des especes de pensées". É patente a ideia de que faculdades como desejar, imaginar, recordar, sentir, são *funções* do orgão cérebro.

[17] Ibidem, p. 57: "(...) le cerveau (...) l'organe, ou le siege, du sens communs, de l'imagination, et de la memoire".

[18] Matthews, E., *Body-subjects and disordered minds: treating the whole person in psychiatry*, 2007, p. 4.

agrupamento de sinais patognomónicos[19], que mais tarde transpôs *para a vida psíquica*[20]. O texto "O homem-máquina" de Julien de la Mettrie foi, neste sentido, a obra que representou e organizou toda a epistemologia naturalista da modernidade. Segundo Mettrie, o homem, não apenas o corpo, mas também o espírito, pode explicar-se totalmente de acordo com o *mecanicismo material*[21], portanto, dentro do determinismo orgânico, como sistema biológico, um "sistema fisico-químico complexo"[22]. Segundo Eric Matthews, "o modelo médico ao qual a psiquiatria é suposto conformar-se baseia-se nesta conceção científica de medicina"[23]. Esta visão científica "aboliu o sujeito, e incorporou-o no mundo objetivo"[24]; com este novo paradigma da saúde da mente e da consciência, *o pensamento e os sentimentos integraram-se nas leis e nos princípios do mundo físico*[25]. Diderot, no seu "Os elementos de fisiologia" defendeu justamente que *a psicologia se resume a reações fisiológicas*[26]. Perante esta perspetiva, conhecendo o metabolismo neurofisiológico, o especialista da saúde mental fica a conhecer a essência do espírito e as causas do agir. Eis o essencial mecanicista

---

[19] Lemire, M., "Fortunes et infortunes de l'anatomie et des préparations anatomiques, naturelles et artificielles", *in* Clair, J. (coordenador), *L'ame au corps, arts et sciences 1793-1993*, Ed. Gallimard, Paris, 1993, p. 89.

[20] Changeaux, J.-P., in *L'ame au corps, arts et sciences 1793-1993*, 1993, p. 16. Ver ainda Berrios, G. E., *The history of mental symptoms: Descriptive psychopathology since the nineteenth century*, 1996, p. 9.

[21] Porter, R., in *L'ame au corps, arts et sciences 1793-1993*, 1993, p. 197. No final do século XVIII introduzir-se-ão, ao nível da terapia psiquiátrica, dispositivos mecânicos: o baloiço, os banhos, os duches e a terapia eléctrica. Outros pensadores comprometidos com esta ideia foram Destutt de Tracy e P. J. G. Cabanis.

[22] Matthews, E., *Body-subjects and disordered minds: treating the whole person in psychiatry*, 2007, p. 47: "(…) biology (…) a special kind of very complex physical, or physicochemical, system".

[23] Ibidem, p. 56. Ver também Berrios, G. E., *The history of mental symptoms, Descriptive psychopathology since the nineteenth century*, 1996, p. 15.

[24] Matthews, E., *Body-subjects and disordered minds: treating the whole person in psychiatry*, 2007, p. 58: "Descartes own project (…) ended up by abolishing the subject, or incorporating the subject in the objective world".

[25] Ibidem.

[26] Changeux, J.-P., in *L'ame au corps, arts et sciences 1793-1993*, 1993, pp. 14-15.

da vida mental. Lembro que o *primeiro professor de Psiquiatria, Wilhelm Griesinger* (1817-1868) procurou *a origem da doença mental, exactamente, nos mecanismos fisiológicos*[27].

Entre as muitas teorias mecanicistas que atingiram a vida moral estão por exemplo a *Fisiognomia*[28], que afirmava ser possível conhecer o pensamento, as inclinações morais e as intenções de alguém *através das expressões do seu rosto;* a *Frenologia*[29], cujo mecanicismo sustentava que cada faculdade intelectual estava localizada numa sede específica no interior do crânio, logo, as capacidades individuais podiam ser medidas pela protuberância que essa sede produzia no exterior da cabeça; para esta, o *espírito é uma produção do cérebro*[30]. Gall desenvolveu-a e fez "a primeira classificação viável das desordens mentais no século XIX"[31]: catalogou e classificou mapas cranianos a partir donde deduziu a personalidade e as disposições morais. Outro psiquiatra claramente inserido neste raciocínio foi Cesare Lombroso; no seu entender, os criminosos podiam ser identificados através das características faciais.

Hegel rejeitou estas teorias pois considerou-as nuances do mecanicismo antropológico que supunha *uma relação de causalidade natural*[32] entre os contornos físicos da cabeça, a disposição humana e a liberdade individual.

Poderá ter sido entre os séculos XVII e XVIII, principalmente depois de Thomas Willis ter defendido que as desordens mentais se

---

[27] Burns, T., *Psychiatry, a very short introduction*, 2006, p. 40.

[28] *Physis*=natureza, *gnomos*=que conhece.

[29] *Phrenos*=mente, *logos*=estudo. A frenologia foi um dos movimentos que emergiu da teoria do "funcionalismo da mente"; julgava que a vida mental era constituída por várias unidades independentes, as "faculdades" ou funções.

[30] Porter, R., in *L'ame au corps, arts et sciences 1793-1993*, 1993, p. 197.

[31] Berrios, G. E., *The history of mental symptoms: Descriptive psychopathology since the nineteenth century*, 1996, p. 18: "(...) phrenology provided the first viable nineteenth century classification of mental disorders".

[32] Hyppolite, J., *Genèse et structure de la Phénoménologie de l'esprit de Hegel*, 1946, pp. 257 e seguintes.

explicavam pelos "espíritos animais", *intermediários bioquímicos que interconectavam o corpo e a mente*, que o modelo antigo de Hipócrates, da primazia dos líquidos corporais, foi substituído por explicações baseadas nas *partes sólidas* do corpo *(fibras, nervos e orgãos)*[33]. Segundo esta nova abordagem, os elementos orgânicos relacionam-se entre si como peças de um *sistema hidráulico animado interiormente por um circuito neurológico*[34]. O louco surge assim como "uma máquina sensorio-motora desordenada e em quebra"[35].

Apesar do advento da Psicologia associacionista procedente das ideias de John Locke, portanto, numa matiz mais filosófica no qual o fenómeno *loucura* era compreendido como *falha cognitiva por má associação de ideias*[36], o mecanicismo orgânico manteve-se, acabou por incorporar o psicologismo e fez da insanidade um desarranjo anatomo-biológico, ou seja, um problema médico.

São estas as escolas que se vão opôr durante os próximos dois séculos relativamente à etiologia da *loucura* e da desordem mental: a escola *somática* e a *psíquica*. Enquanto que para o modelo psiquista, aquilo que está na base da perturbação mental são causas psicológicas, na visão do modelo somático, naturalista (bioquímico/fisiológico),

---

[33] Porter, R., *Madness, a brief history*, 2002, p. 124. A ideia de que os espíritos animais são os responsáveis pela execução das ordens da alma já vem de Aristóteles (384-322 a.C.) e Galeno (129-199 d.C.). Como nunca foram encontrados os orgãos produtores do ânimo, a ideia perdurou e veio a juntar-se a outras semelhantes nos séculos XVII e XVIII para explicar a origem das faculdades mentais: senso comum, razão e memória.

[34] Ibidem.

[35] Ibidem, p. 125: "the madman was thus a disorderd sensory-motor machine in a state of breakdown (...)".

[36] Locke, J., *An essay concerning human understanding*, Londres, T.W. e Edm. Parker, 1726, 6.ª edição, Book II, cap. XXXIII (*Of the association of ideias*), § 4, p. 366: "I shall be pardon'd for calling it by so harsh Name as Madness, when it is considered that Opposition to Reason deserves that Name, and is really Madness; and there is scarce a Man free from it (...)"; diz ainda mais à frente, no § 9 (p. 367): "This wrong connexion in our minds of ideias (...) has such an Influence in our Actions (...) that perhaps there is not any one thing that deserves more to be looked after". Enquanto que o tratamento moral, na perspetiva lockeana, se dirigia ao intelectual, para Pinel, concentrava-se na dimensão afectiva (Porter, R., *Madness, a brief history*, 2002, p. 132).

não há doenças do espírito como tal, mas apenas afeções orgânicas (intestino, coração ou cérebro, por exemplo) com consequências mentais e, logo, comportamentais. Esta é a base da corrente materialista e determinista que culminou no século XX com a ideia de que a perceção sensorial e os *reflexos nervosos é que são as verdadeiras causas das condutas*[37]; este raciocínio inspirou os trabalhos de I. Pavlov, a tradição behaviourista e a base do modelo médico subjacente à psiquiatria que dominou todo o século XX, "o século da psiquiatria".

1.2. Como se organizou a Psiquiatria

Segundo Foucault, para haver um sentido, um poder regulador, ou seja, uma racionalidade, é preciso que a sociedade constate a existência do seu contrário: a irracionalidade. A lógica do controlo social pelas classes dominantes promoveu a exclusão do ilógico, o marginal, o alienado, o demoníaco, criando um "espaço moral de exclusão" que representava o contrário da razão[38]. A loucura serviu para mostrar, por parte do poder dominante, os dois caminhos da existência humana: (1)o irracional e o vazio da existência – Ricoeur dirá que é pela falta, pela fragilidade de se ser mais do que se é, que o mal entra no Homem – ou (2)a aceitação das regras morais estabelecidas, ou seja, "a razão". O teatro e a literatura captaram esta ideia sob a forma do bobo que usa o capuz com guizos: quem tem razão aceita as regras, quem não o faz é louco, está possuído, é motivo de riso ou deve ser internado. A *loucura* foi assim considerada a *total desrazão*[39].

Nietzsche apresentará a diferença entre estes dois polos na luta entre Apolo, a razão pura, e Dionísio, a natureza pulsional; Hegel já

---

[37] Porter, R., *Madness, a brief history*, 2002, p. 32.
[38] Foucault, M., *História da loucura*, 2004, p. 8.
[39] Swain, G., *Dialogue avec l'insensé, essais d'histoire de la psychiatry*, 1994, p. XIV.

o revelara na sua *Antropologia*. Esta moralidade aparecerá sob a capa científica, entre outros elementos, justamente na psiquiatria.

No interior desta nova corrente moderna de experiências e saberes, dois factos foram decisivos para o nascimento desta nova disciplina médica: um deles, político, deu início ao "negócio do lunatismo" e aconteceu em Inglaterra em 1808; foi o "Acto do parlamento" e *permitiu o acesso a fundos públicos para financiar asilos*[40] sem que fosse obrigatória a supervisão médica que só surgiu a partir da década de 1820; os superintendentes daqueles asilos, depois que esta atividade se tornou *especialidade universitária,* vieram a designar-se *psiquiatras* ou *alienistas,* porque tratavam as pessoas que a sociedade *alienara*[41].

O segundo acontecimento concebeu-se neste caldo socio-cultural e científico do fenómeno do lunatismo – a ideia de que o equilíbrio emocional alternava como as fases da lua – e da insanidade nos séculos XVI, XVII e XVIII; juntamente com o crescimento exponencial da estrutura asilar – principalmente em França, Inglaterra e Alemanha –, com a evolução das sociedades modernas no sentido da humanização (medicalização), foi crescendo e desenvolvendo-se de forma consistente ao longo do século XIX e, na verdade, foi o grande catalisador do edifício da psiquiatria[42]: o léxico nosológico. É a linguagem psiquiátrica. Esta, consta da introdução de conceitos científicos no seio de deduções argumentativas acerca do sofrimento psíquico. A chegada da farmacologia às comunidades modernas consolidou todo este corpo de conhecimento que iniciava o arranque.

---

[40] Porter, R., *Madness, a brief history*, 2002, p. 94.

[41] Ibidem, p. 153 e seguintes.

[42] Termo cunhado em 1808 pelo médico e psiquiatra alemão, Johann Cristian Reil (1759-1813). Podemos usar, como definição, o que nos diz Burns, que a psiquiatria é fundamentalmente trabalho prático (terapia clínica) sobre pessoas diagnosticadas como pacientes psiquiátricos (Burns, T., *Psychiatry, a very short introduction*, 2006, p. 5). Burns critica a circularidade semântica usada na construção da definição: que "as desordens psiquiátricas são as condições tratadas pelos psiquiatras que, por sua vez, são aqueles que diagnosticam e tratam as desordens psiquiátricas" (p. 6).

Nesta altura, a linguagem e o discurso científico da psiquiatria detinha um poder de penetração social enorme e foram absolutamente fundamentais para a mudança da perceção social relativamente ao fenómeno da *loucura*. Foi criada uma classificação (nosografia) e a respetiva descrição (nosologia) das recém-nascidas entidades médicas, os novos síndromes e as novas doenças. Determinante para essa perceção social foi a simbiose entre os primeiros esquemas nosológicos e nosográficos, e esta *descrição psicopatológica, quer dizer, a criação de um vocabulário próprio que começou a descrever e a classificar a psicologia anormal*[43]. Este facto culminou numa "reorganização na lógica que determina o 'quê', o 'como', o 'quando' e o 'em que situação', determinado fenómeno, ou grupo de fenómenos comportamentais, adquirem estatuto psiquiátrico. Nasce, assim, a "disciplina psiquiátrica propriamente dita na esteira da revolução francesa. Este é o momento em que a loucura se torna objecto de conhecimento clínico"[44].

Esta *psicopatologia descritiva*[45] concretizou a interconexão dialética entre a descrição semiológica das categorias psiquiátricas – o léxico ou a terminologia nosológica – e a apreciação, perceção e oficialização

---

[43] Berrios, G. E., *The history of mental symptoms: Descriptive psychopathology since the nineteenth century*, 1996, p. XIII.

[44] Swain, G., *Dialogue avec l'insensé, essais d'histoire de la psychiatry*, 1994, p. XXVIII.

[45] Berrios, G. E., *The history of mental symptoms: Descriptive psychopathology since the nineteenth century*, 1996, p. 15. A Psicopatologia descritiva é o sistema descritivo e cognitivo dos sinais e dos sintomas do comportamento anormal. Para que este sistema tenha sucesso é preciso (1)um léxico próprio e (2)os referentes – aquilo a que se refere esse léxico, os sintomas –, que "têm de ser 'delineados' ou 'construídos'". Tendo como modelo nosológico, as inovações do psiquiatra alemão Emil Kraepelin (1856-1926), os académicos da psiquiatria americana (A.P.A.) construíram um manual diagnóstico para a nova profissão, o *Diagnostic and Statistical Manual* (D.S.M.). A primeira edição surgiu em 1952 e tinha cerca de 100 páginas, a segunda é de 1968 com 134 páginas; a edição de 1980 já rondava as 500, e a de 1994, com 943 páginas, sofreu uma mudança: passou a orientar-se segundo *uma perspetiva orgânica das desordens mentais* (ver Porter, R., *Madness, a brief history*, 2002, pp. 213-214). De sublinhar que o número de *doenças* e *síndromes* oficiais subiu, de cerca de 180, para aproximadamente 365 em cerca de 40 anos. A quinta edição é de 2013.

de desordem/doença mental[46]. Como? A linguagem desenvolvida analisou as categorias psiquiátricas antigas da *vida psíquica mórbida*[47] – melancolia, mania, frenite, delírio, paranóia, catalepsia ou demência –, *manteve fragmentos dessa descrição, eliminou outros, e criou uma "nova nosologia" que, depois de 1830, apareceu na literatura médica da insanidade sob a forma de resumos e listas de sintomas*[48].

Segundo Berrios, os modelos usados para esta primeira grande mudança da semântica nosológica foram fornecidos pelos dois ramos da Psicologia, o Associacionismo e a Psicologia das faculdades, que conferiram estabilidade trans-epistémica às categorias psiquiátricas. Berrios diz assim no prefácio: "(…) algo como uma ruptura e uma remodelação afectou o discurso da insanidade durante a primeira metade do século XIX. Trabalhos posteriores apresentaram provas razoáveis que essa mudança fez nascer a nova linguagem dos sintomas mentais"[49].

Esta nova metodologia *claramente atomista, que analisa separadamente cada sintoma*[50], começou a formar o modelo que transitou para o século XX e que, apoiado na nova semântica nosológica sustentou toda a operatividade causal que conecta os sinais, os sintomas e a vida mental, com o comportamento humano. Esta é a base do *mecanicismo psíquico* e teve como consequência, justamente a ideia de que a consciência e o comportamento são produtos da fisiologia. Esta noção, somada ao uso dos fármacos psicotrópicos que, nascidos no século XIX com a

---

[46] Berrios, G. E., *The history of mental symptoms: Descriptive psychopathology since the nineteenth century*, 1996, p. 17.

[47] Ibidem.

[48] Ibidem: "(…) gave rise to the new nosology (…)".

[49] Ibidem, p. XIII.

[50] Ibidem, p. 17: "(…) dealing with symptoms as separate units of analysis (…)".

descoberta do *curare*[51] e do *estudo do sistema nervoso ligado à paralisia geral*[52] (1820), tornar-se-ão *o centro da prática psiquiátrica do século XX*[53]. Todos os ingredientes e condições do modelo bio-psico-farmacológico estão prontos para a emergência da nova especialidade médica cuja ação assentará principalmente em fatores objetivos que rejeitarão as nuances da experiência pessoal. Recuperemos, no entanto, um momento medico-filosófico da época em que a psiquiatria dava os primeiros passos e, na medida em que pensava diferente do que o que se defendia, serve-nos de apoio à tese aqui defendida; proveio de Hegel e Pinel. Segundo este psiquiatra, *o louco não perde totalmente a razão, possui sempre uma reserva de normalidade racional*[54] que, estimulada, resolverá o conflito psicológico. Nesta ótica, a *loucura* é uma patologia causada por factores morais[55], hábitos, paixões prejudiciais e pressão social, que atinge pessoas *hereditariamente pré--dispostas*[56]. No entanto – e este foi o seu contributo revolucionário –, cada "doente mental" tem um *locus* racional onde o psiquiatra pode atuar moralmente para iniciar a "cura". Este é o núcleo que nos permite defender que a consciência e a vida psíquica não se resumem a produtos bioquímicos. Para entendermos os processos da vida mental, a experiência pessoal e os princípios do agir, devemos dedicar-nos a estudar justamente a capacidade espiritual-compreensiva, a força produtora antropológica universal.

---

[51] É um grupo de substâncias que provocam inibição muscular. O resultado mais perigoso da sua acção é a morte por paragem respiratória. A referência descritiva destas drogas foi feita por Pietro d'Anghiera no final do século XV, após um soldado ter sido morto numa expedição no Brasil por flechas envenenadas, justamente, com *curare*.

[52] Swain, G., *Dialogue avec l'insensé, essais d'histoire de la psychiatry*, 1994, p. 266.

[53] Ibidem, pp. 264-265.

[54] Ibidem, p. XXXII. Vê-lo-emos com Hegel, na *Enzyklopädie*, 2012, § 408-Z.

[55] Porter, R., in *L'ame au corps, arts et sciences 1793-1993*, 1993, p. 201.

[56] Ibidem.

II

O MODELO DA CAUSALIDADE EM PSIQUIATRIA: A VIDA MENTAL COMO MECANISMO E A CONSCIÊNCIA COMO PRODUTO BIOLÓGICO

2.1. A inaplicabilidade do pensamento causal ao comportamento e à consciência

2.1.1. O homem é *ser no mundo*

O modelo *operandis* da psiquiatria é, como introduzimos, o mecanicismo. Este raciocínio, aplicado à consciência e à vontade individual, afirma que estas são efeitos automáticos de acontecimentos exteriores (sociais, económicos, morais ou biológicos) sobre a *psique* humana, que atuam como causas inexoráveis previstas em leis cientificamente provadas. Por pensar assim, que a estruturação, a desorganização e o sofrimento mental são produtos inevitáveis e imparáveis de uma cascata de reações fisiológicas (a causa) postas em marcha, portanto, doenças, o mecanicismo não atinge o âmago antropológico da vida mental.

O conceito de *ser-no-mundo* da fenomenologia francesa permite-nos completar a crítica porque mostra a essência mista (ser e mundo) – portanto, não neuro-isolada – do homem. Assim, na perspetiva do fenomenólogo, aquilo que cada um é, o "eu sou", são as estruturas conscientes nascidas da conexão originária do corpo às coisas e aos outros seres com os quais contacta; esta premissa permite logo afirmar que a consciência e o comportamento não são exclusivos de um dos lados da relação, ou só do sujeito, ente passivo psicofísico, ou só do mundo circunjacente, o conjunto de estímulos.

A divergência de Merleau-Ponty relativamente ao modelo da psiquiatria, comum à nossa tese de fundo, está exatamente nisto, no facto de considerar que o agir humano não se resume a um *automatismo neurológico tipo estímulo-resposta*[57]. Por conseguinte, é preciso *rejeitar que as relações humanas e a consciência se expliquem pelos modelos fisiológicos da causalidade*[58]; o raciocínio em causa consta na tese reflexológica de Pavlov que defendeu que o comportamento dos animais superiores está subordinado à causalidade mecânica: para ele, *entre o animal e a situação vivida não há relação interna*[59], uma conexão intencional, mas apenas reações neurofisiológicas, automáticas. Nesta ótica, *a consciência define-se na fisiologia cerebral e o comportamento passa a ser entendido como uma soma de reflexos sem conexão entre si*[60]. Pelo contrário, para o autor a relação com o mundo não é mecânica, há uma conexão íntima: *o homem está no mundo como um jogador está no campo de futebol*; quer dizer, entre o jogador e o campo há um intimidade irredutível, e não uma relação de exterioridade como aquela entre dois objetos da natureza física que não se misturam. Homem e mundo participam um do outro. São imanentes entre si: *homem e mundo são um só*[61], participam um do outro; existe reciprocidade ontológica entre o ser humano e o contexto habitado, co-pertença. A consciência está assim *imbricada no*

---

[57] Matthews, E., "Merleau-Ponty's body-subject and psychiatry", in *International review of psychiatry*, vol. 16 (3), 2004, p. 196.

[58] Merleau-Ponty, M., *La structure du comportement*, 1953, p. 144. Ver ainda Merleau-Ponty, M., *Phenoménologie de la perception*, 1945, p. II. Ver ainda: Geraets, T., *Vers une nouvelle philosophie transcendentale, La génese de la philosophie de Maurice Merleau-Ponty jusqu'à la Phénoménologie de la perception*, Ed. Martinus Nijhoff, Haia, Holanda, 1971, p. 73

[59] Ibidem, p. 103. Ver ainda: Geraets, T., *Vers une nouvelle philosophie transcendentale, La génese de la philosophie de Maurice Merleau-Ponty jusqu'à la Phénoménologie de la perception*, 1971, p. 49.

[60] Ibidem, p. 3.

[61] Ibidem, p. 183.

mundo desde sempre[62]. Isto acontece em virtude da conexão percetiva com o que nos rodeia, fenómenos já previstos na Filosofia do Espírito de Hegel. A diferença está em que para o filósofo alemão o corpo não tem a primazia ontológica. A racionalidade espiritual e a auto-relação têm antecedência.

É decisivo, no entanto, o facto da relação entre o homem e o mundo, na fenomenologia francesa, não ser de natureza mecanicista, causal. O campo não agiu sobre a massa cerebral causando o efeito de jogar futebol; na verdade, o campo e o jogador co-pertencem-se, emergem juntos numa estrutura de *sentido indecomponível*[63]: o jogador conhece-se jogando e desvendando o campo que, por sua vez, o torna jogador. Assim, "o comportamento, longe de ser uma coisa que existe em si, é um conjunto significativo para uma consciência que o considera"[64]. Por conseguinte, a noção de espírito, alma, ou psique, refere-se a uma totalidade estrutural dotada de significação existencial que o sujeito vive como "ato"[65], como presença ativa imbricada no mundo.

É exatamente dessa relação com o mundo – que o mecanicismo e o pensamento causal não compreendem – que nasce o *sentido existencial*[66], acontecimento que *estrutura, no mesmo passo, a consciência*[67].

Esta conceção, de que há uma ligação entre a subjetividade e o mundo, repetida por Merleau-Ponty na ideia de existirem fios da

---

[62] Merleau-Ponty, M., *Phenoménologie de la perception*, 1945, p. 489. Ver no *La structure du comportement*, 1953, p. 1: "Notre but est de comprendre les rapports de la conscience et de la nature (...)".

[63] Ibidem, p. 185.

[64] Ibidem, p. 225: "(...) le comportement, loin d'être une chose qui existe en soi, est un ensemble significatif pour une conscience qui le considère (...)". Na página 176 sustenta que as ações humanas não têm um significado fechado em si, antes expressam as intenções da vida de um sujeito ligado ao mundo que o rodeia: "Les actes proprement humains, – l'acte de la parole, du travail, l'acte de se vêtir par exemple, – n'ont pas de signification propre. Ils se comprennent par référence aux intentions de la vie (...)".

[65] Geraets, T., *Vers une nouvelle philosophie transcendentale, La génese de la philosophie de Maurice Merleau-Ponty jusqu'à la Phénoménologie de la perception*, 1971, p. 99.

[66] Ibidem, p. 174.

[67] Ibidem, p. 171.

perceção entre o corpo e o mundo, já estava inscrita na *Filosofia do Espírito* de Hegel: "o mundo exterior tem, portanto, os seus fios dentro dele de tal modo que constituem o que ele é para si próprio"[68], por conseguinte, continua o filósofo alemão, se "estas ligações ao mundo desaparecerem"[69], *o indivíduo morre por dentro*[70]. Para Hegel, *o sujeito consciente e coerente consigo mesmo é aquele que, simultaneamente, põe em sintonia a intimidade racional e o mundo ao qual está conetado, de modo que, falhando essa organização interior, experimenta a contradição intra--psíquica*[71], quer dizer, a *loucura*.

2.1.2. Subjetividade e Psicanálise

Ronald D. Laing, num relance filosófico onde sublinha o caráter fundamental da intimidade psicológica entre corpo, mundo e espírito, realça que a saúde psíquica e a capacidade para agir são consequentes ao *si-mesmo verdadeiro: um sujeito que criou uma interioridade consciente sintonizada com a sua corporalidade*[72], isto é, com a sua vida orgânica, emocional e sentimental. É exatamente por isto que a *Antropologia* de Hegel constitui o texto filosófico de eleição para aceder à profundidade psíquica. Nele, já estudava essa conceção mista da natureza humana: a ideia de um *Eu* sensível e de um corpo espiritualizado. Segundo o psiquiatra, numa concordância feliz, tendo como referência o filósofo alemão, *quando não acontece a conceção do todo espírito-corporal, o agir*

---

[68] Hegel, G. W. F., *Enzyklopädie*, 2012, § 406: "(...) Der Mensch (...) Dabei hat diese Welt, die außer ihm ist, ihre Fäden so in ihm, daß was er für sich wirklich ist, aus denselben bestht; so daß er auch in sich so abstürbe, wie diese Äußerlichkeiten verschwinden (...)".

[69] Ibidem.

[70] Ibidem.

[71] Ibidem, § 408.

[72] Laing, R. D., *The divided self*, Phanteon Books, Nova Iorque, 1960, p. 173: "(...) the divorce of the self from the body is (...) the essential dilemma".

humano é falso[73]. Este pensamento resume tudo o que procuramos mostrar: que a formação da consciência é uma medida da verdade do homem, da adequação a si próprio, essência, que é ser livre, facto indicador da "saúde" do espírito.

Quer a profundidade antropológica da dialética conceptiva do espírito na sua imediatidade, com Hegel, quer a pertença ao todo do mundo, na fenomenologia merleau-pontyana, contribuem para a nossa argumentação: que a psique humana não é um produto do metabolismo neurofisiológico, é dialética fenomenológica que se vive num perpétuo auto-envolvimento atualizável.

De acordo com Laing, a *subjetividade surge-nos como a forma da relação humana com as coisas e com os outros sujeitos*[74]; por isto, "cobre todo o campo da psicanálise"[75]. Dela faz parte o modo de projeção no mundo, que é a intencionalidade que vincula dialeticamente o corpo ao mundo por meio da perceção: ela é "a vida da consciência, vida cognoscente, vida do desejo ou vida percetiva, e é sustentada por um 'arco intencional' que projeta em torno de nós, o nosso passado, o nosso futuro, o nosso meio humano, a nossa situação física, a nossa situação ideológica, a nossa situação moral, ou seja, faz com que estejamos situados sob todos esses aspectos"[76].

Sendo o modo particular como cada sujeito se projeta ao *encontro com as coisas e com os outros*[77], a subjetividade, bem como a intencionalidade que dela emana, são o *correlato da vida e também da desordenação mental*[78], portanto, do sofrimento pessoal.

---

[73] Ibidem, pp. 92-93.

[74] Ibidem, p. 88: "Subjectivity, or mind, is not something detached from the world, but part of the world, interacting with objects rather than simply contemplating them".

[75] Lefeuvre, M., *Merleau-Ponty, au dela de la Phénoménologie du corps, de l'être et du langage*, Université de Lille III, 1977, p. 256: "(...) la fonction subjective qui recouvre tout le champ de la psychanalyse (...)".

[76] Merleau-Ponty, M., *Phenoménologie de la perception*, 1945, p. 158.

[77] Ibidem, p. 490.

[78] Ibidem.

Na perspetiva fenomenológica onde a prioridade é o corpo, para compreendermos a relação entre a subjetividade e o mundo vivido temos de considerar o ser carnal, que é *ambíguo*[79], o ser-relação que nasce da ancoragem percetiva com o mundo, este, o *acontecimento ontológico primordial da significação donde brota a subjetividade e o comportamento*[80].

Portanto, o indivíduo é consciência experimentando "algo" do mundo que o faz ser consciência existente nesse mundo, que por sua vez vai descobrindo e vivendo. A consciência, diz Merleau-Ponty, referindo-se à sua génese afetiva, não é uma "potência constituinte", ela é "a própria efectuação"[81], o próprio ato de perceber. Podemos observar este fenómeno, por exemplo, na metafísica hegeliana, aqui em dinâmica vital, o ser completa-se, isto é, concebe-se plenamente, justamente enchendo-se de mundo: torna-se *em-si-para-si*.

2.2. Crítica socio-política, filosófica e nosográfica da Psiquiatria

2.2.1. Argumentos da Anti-Psiquiatria

David Cooper cunhou a expressão "anti-psiquiatria". Segundo ele, em concordância com o que temos defendido, a desordem mental mais não é do que um produto da relação de cada um no seu mundo. A anti-psiquiatria tornou-se, por isso, um movimento que discordava do que a psiquiatria fazia: os diagnósticos não eram claros, as terapêuticas eram muito agressivas, e os resultados, desastrosos. Desenvolveu-se nos anos sessenta do século XX, em Inglaterra e nos

---

[79] Lefeuvre, *Merleau-Ponty, au dela de la Phénoménologie du corps, de l'être et du langage*, 1977, p. 254.

[80] Buchanan, B., *Onto-ethologies: The animal environments of Uexküll, Heidegger, Merleau-Ponty, and Deleuze*, 2008, p. 115. Ver ainda Lefeuvre, M., *Merleau-Ponty, au dela de la Phénoménologie du corps, de l'être et du langage*, 1977, p. 256.

[81] Merleau-Ponty, M., *Phenoménologie de la perception*, 1945, p. 431.

Estados Unidos da América, reclamou transparência nas relações entre a psiquiatria, as universidades[82] e o serviço de saúde público; quis ainda uma definição clara para "doença psiquiátrica"[83] alegando que a falta de fronteiras conceptuais na nosografia permitia que os critérios de diagnóstico constantemente se alterassem; criticou a falta de rigor exigindo objetividade terapêutica e repudiou as práticas neuropsiquiátricas invasivas como a estimulação por choque com insulina, a lobotomia[84] ou o choque eletro-convulsivo; denunciou ainda o facto de uma mesma substância servir para "tratar" um sem número de categorias, como aconteceu com o Lítio e com a Clorpromazina, os fundadores farmacológicos desta geração psico-farmacológica.

Constata-se precisamente o que já se criticava na época de Szasz, que a indústria da psicopatologia e farmacêutica é um tipo de comércio e negócio igual a qualquer outro: os psicofármacos estão num mercado ("competitive marketplace") como qualquer outro produto (roupa desportiva, alimentos congelados ou tabaco). O investimento é enorme e não se restringe aos fármacos, *vende Psicopatologia*, quer dizer, investe forte na divulgação de "saúde" e "doença mental", facto imprescindível para que haja discussão, aceitação e *reconhecimento público do fenómeno*[85].

---

[82] Breggin, P., *The antidepressant fact book*, 2001, p. 3.

[83] Stevens, L., "Schizophrenia, a nonexistent disease", in www.antipsychiatry.org, 2009: "(...) is a nonspecific category wich includes almost everything a human being can do, think, or feel (...)".

[84] Corte cirúrgico de conexões neurológicas ao nível do córtex pré-frontal. As indicações para este tipo de procedimento, com gravíssimos efeitos colaterais, foram essencialmente psiquiátricas e tinham o intuito de "tratar" a psicose. Valeu o prémio Nobel da Medicina a Egas Moniz em 1949. É evidente que esta prática ganhou um estatuto social que influenciou a percepção, por parte da sociedade portuguesa para as próximas décadas: que os problemas da vida mental são desarranjos orgânicos.

[85] Elliott, C., "Mental illness and its limits", *in* Radden, J., *The Philosophy of Psychiatry*, 2004, p. 432: "O sofrimento é moldado ("shaped") e influenciado não só pelo que sentimos corporalmente, mas pelo contexto social que molda a nossa experiência no mundo. Desse contexto aprendemos vocabulário (um conjunto de estruturas teóricas) que nos ajuda a descrever, a expressar e a interpretar o nosso sofrimento psicológico e o comportamento que lhe é associado".

Estima-se que os laboratórios farmacêuticos nos E.U.A. tenham dispensado aos médicos cerca de oito mil milhões de dólares em amostras[86] de comprimidos gratuitas, sessões académicas, jornais da especialidade, simpósios, associações profissionais, promoções públicas, editoriais científicos e investigação, formação contínua, publicidade televisiva e em jornais (cupões), cartas directas ao consumidor, etc. A publicidade é tremenda e o resultado pode comprovar-se, por exemplo, no facto do *Valium®* ter sido o produto farmacêutico mais vendido no Ocidente entre 1968 e 1981. Foi o fármaco da "era da ansiedade" que era considerada, na época, o sintoma nuclear das Neuroses, a doença "do estilo de vida do século XX". Quando se descobriu que tinha efeitos teratogénicos (abortos e defeitos genéticos à nascença) e levava à dependência, o paradigma nosológico mudou e, pouco a pouco, a expressão "ansiedade" foi abandonada em favor de uma mais apelativa, "depressão", e com esta apareceu o *Prozac®*. A psiquiatria progrediu, consolidou-se e alguns distúrbios existenciais, não sendo catalogados nem sequer conhecidos, ganharam em poucos anos o estatuto de *doenças muito comuns*[87]: foi o caso da "hiperatividade" (anos 70'), da "fobia social" ou do "pânico" (anos 80' e 90'). Surgiram, mudaram de nome e começaram a ser medicados com fármacos[88] até aí inexistentes.

---

[86] Ibidem, p. 431.

[87] Elliott, C., "Mental illness and its limits", *in* Radden, J., *The Philosophy of Psychiatry*, 2004, p. 429.

[88] Fenelzina, paroxetina, alprazolam.

2.2.2. Críticos contemporâneos do modelo da psiquiatria

2.2.2.1. *Thomas Szasz: a doença mental não existe.*

O psiquiatra Thomas Szasz foi o mais contundente crítico da Psiquiatria. Não por a ter querido remodelar, mas por fazer tenção de a erradicar. Enquanto que para Laing a "doença mental" se refere ao sofrimento pessoal decorrente de alguma relação tensa consigo próprio e com o que/quem o rodeia, para Szasz, aquilo que se designa por "doença mental" *não existe, é um mito*[89]: "apesar de se dizer da doença mental que é uma doença 'como qualquer outra', e da psiquiatria, que é uma especialidade 'como outra qualquer', é óbvio que nenhuma destas afirmações é verdadeira"[90].

Para ele é fundamental *mudar de paradigma*[91]. Para começar, a psiquiatria deve mudar a linguagem e a estruturação discursiva usada na abordagem que os profissionais fazem ao sofrimento existencial/emocional com os seus pacientes. Essa modificação inicia de imediato a desconstrução do paradigma psiquiátrico pois, perguntará Laing, "como é que eu me posso aproximar dos pacientes se a linguagem psiquiátrica ao meu dispôr, mantém o paciente distanciado?"[92] O problema está em que o profissional de psiquiatria vai introduzindo no diálogo com o seu paciente/interlocutor elementos que no final remetem sempre para a existência de uma doença subjacente ao sofrimento. Além disto, observamos ainda, como resultado desse

---

[89] Szasz, *The myth of the mental illness*, 2010, p. 1: "(...) there is no such thing as 'mental illness' ".

[90] Szasz, T., *The therapeutic state, Psychiatry in the mirror of current events*, Prometheus Books, Nova Iorque, 1984, p. 9: "Although mental illness is said to be an illness 'like any other', and although psychiatry is said to be a medical speciality 'like any other', it is obvious that neither assertion is true".

[91] Szasz, T., *The myth of the mental illness*, 2010, p. xxiv: "(...) a new paradigm – wich we call rhetorical paradigm (...)".

[92] Laing, R. D., *The divided self*, 1960, p. 17.

afastamento, um conflito interpessoal: "os psiquiatras e os pacientes mentais usam a linguagem para impor a sua 'realidade' um ao outro"[93].

A psiquiatria construiu uma taxonomia nosológica que agrupou as pessoas *em categorias que os retratam como portadores de doenças cerebrais destituídos de auto-determinação*[94]. Esta classificação força a vida pessoal em categorias subordinadas ao modelo determinista psico-farmacológico mediante um discurso que reúne ciência, humanismo e medicina, numa espécie de *colete de forças semântico*[95].

Para demonstrar a sua tese, Szasz revelou o núcleo teórico à volta do qual se organizou a psiquiatria moderna: o conceito de *Histeria*. Surgiu no século XIX e tornou-se o arquétipo de doença psiquiátrica e a sua inteligibilidade estava descrita no modelo psicogénico[96]. Segundo este, determinadas condições corporais como a excitabilidade ou alguma dor abdominal, tinham uma origem psíquica e podiam ser tomados como sinais de doenças da mente.

O mecanismo central está no raciocínio causal que sustenta a tese neurocientífica; esta afirma que por detrás dos comportamentos desviados estão causas psíquicas numa espécie de reflexologia mecanicista. Pensa assim: um facto psíquico produz diretamente doença, sofrimento físico e psicológico, logo comportamento. Filosoficamente, realiza um *salto epistemológico: salta do psíquico para o físico*[97]. É aceite

---

[93] Szasz, T., *The therapeutic state, Psychiatry in the mirror of current events*, 1984, p. 10: "(...) we must make ourselves aware of the ways in wich both psychiatrists and mental patients use language – to impose their 'reality' on teach other, and everyone else (...)". Ver o texto de Jenner, F. et all, *"Esquizofrenia", uma doença ou alguns modos de se ser humano?*, Ed. Caminho, Lisboa, 1992, pp. 62 e 75.

[94] Szasz, T., *The myth of the mental illness*, 2010, p. XXV.

[95] Ibidem, p. 73.

[96] Ibidem, p. 88.

[97] Ibidem, p. 122. Ver por exemplo na página 75: a explicação freudiana para o mecanismo da conversão histérica está em que uma quota da dor mental se transforma em dor física. Este tipo de argumentação foi, desde os trabalhos de Charcot, difundida nos meios académicos por autoridades como Freud, Breuer ou Kraepelin (p. 24). Fenichel, por exemplo, referindo-se a uma "paciente", afirmou que a "dor abdominal" desta era a tradução (a *conversão*) da "necessidade de carinho" (p. 97).

como um efeito ou produção do orgão cérebro; tudo o que o sujeito diz e faz resume-se ao orgânico, à biologia, ao metabolismo fisiológico e à genética. Consolidando interiormente todo este edifício está a semântica da "linguagem neurologística"[98] que faz a acoplagem explicativa das três fases teóricas das categorias nosológicas e que podemos ver ilustradas no fenómeno histérico; segundo este há:

1) a pressuposição de um *conflito emocional* que gera tensões nervosas;
2) que estas tensões causam descargas nervosas que transitam, (a)para mecanismos neuro-musculares ou (b)ao longo de vias nervosas vegetativas; estes argumentos são muito vagos porque a vida humana consiste em mecanismos neuro-musculares e vegetativo: desde o espirro ao reflexo de dor, da secreção glandular até à prática de desporto ou leitura; dizer que há transmissão de tensão por estes *nervos* é, digamo-lo, uma verdade de La Palice que permite, em último lugar e *a posteriori*, explicar como doença aquilo que são manifestações normais.
3) que as consequências desses fluxos "descontrolados" são:

   I) a transformação (*conversão*) da tensão emocional desgovernada em comportamento desadequado: a histeria; neste caso, o mecanismo neuro-muscular responsável por esta transformação chama-se "conversão histérica".

   II) a tensão emocional desgovernada nas vias vegetativas, em vez de produzir uma ativação comportamental, leia-se neuro-muscular, provoca *uma manifestação orgânica*[99] aceite

---

[98] Ibidem, p. 89. A designação refere-se ao emprego abundante de conceitos bioquímicos e termos técnicos neurofisiológicos para explicar e conetar determinado síndrome ou doença ao sistema nervoso central.

[99] Ibidem, p. 88.

como sintoma patológico, dentro do estilo de um reflexo automático (dor de estômago, por exemplo); é a *Neurose*[100].

Eis o núcleo doutrinário da psiquiatria de feição naturalista: as desordens do foro afetivo, comportamental e existencial passaram a ser explicadas como disfunções bioquímicas e ganharam estatuto de doença orgânica. "Saltam" para o mundo orgânico.

Szasz não nega a evidência de um corpo fisiológico no humano (não nos esqueçamos que é médico, psiquiatra e professor de psiquiatria); o que ele recusa, sim, é que a explicação neuro-científica seja o explicador universal do homem e dela sejam inferidas conclusões acerca da liberdade individual. É exatamente esta mistura de planos existenciais que provoca o fracasso das terapêuticas psiquiátricas, justamente porque despreza, na sua base, qualidades próprias do sujeito humano, como a *escolha*, a *liberdade* ou a *responsabilidade*[101].

A controvérsia sobre o que é doença é abundante. Enquanto que, para os teóricos da biologia como C. Boorse, a doença é apenas da dimensão biológica e, para R. Kendel, de modo diferente, o que reduz o tempo de vida e a expectativa de reprodução, para Fulford, há desordem/doença mental quando a capacidade para agir ficou bloqueada, isto é, impedimento à realização de acções quotidianas[102].

Hanna Pickard apresentou uma solução conciliadora: embora não haja provas que coloquem os desequilíbrios mentais em categorias nosológicas cientificamente provadas, o sofrimento evidenciado e os comportamentos observados *podem ser objeto de exploração científica*; para a investigadora, os conceitos de *saúde* e *doença* estão na interface entre ciência/senso comum e facto/valor, por isso estão eivados de

---

[100] Ibidem.
[101] Ibidem, p. 5.
[102] Fullford, K.W.M., *Moral theory and medical practice*, 1989, pp. 35, 109 e seguintes

"variações culturais e históricas"[103]. Além dos elementos subjetivos da experiência mundana, podemos observar que, na verdade, *não há provas genéticas ou neurológicas que validem*[104], por exemplo, a esquizofrenia; por conseguinte, as chamadas "doenças mentais" compreendem-se melhor como *categorias contínuas no espetro ontológico*[105] do que como entidades orgânicas. Também é esse o entendimento de Cooper[106].

De facto, é impossível traçar diagramas fisiológicos da existência. Podemos calcular a concentração quase exata de algum neurotransmissor que atua no cérebro num momento, mas não é possível saber a totalidade das reações, o ritmo de cada via metabólica, o efeito que produzem nas estruturas anatómicas adjacentes e o modo e a intensidade com que afetam o todo em caso de mudança de humor, de modo a poderem ser "corrigidos". Por exemplo, aponta-se a zona anterior do córtex cerebral como a responsável pelo controlo das emoções, mas as especificidades próprias ainda não são conhecidas[107]. Para essa análise global e momentânea teriam que ser integradas muitas disciplinas: neurociência, ciências sociais, genética, psicologia por exemplo. Mesmo assim, o sujeito estudado, pode a qualquer momento mudar de projeto de vida ou experimentar um acontecimento inesperado que lhe altera a composição bioquímica geral; neste caso, a quantidades de fármacos que estivesse porventura a ingerir (a "compensar") alterar-se-ia e o corpo não estaria preparado para fazer o reequilíbrio porque, tendo

---

[103] Pickard, H., "Mental illness is indeed a myth", *2009, p.* 88: "Our concepts of illness, disease, well-being, and health – wether mental or physical – lie at the interface of science and common sense, of fact and value, as well as exhibiting a large degree of cultural and historical development and variation".

[104] Ibidem, p. 91. Cerca de 60% dos indivíduos inquiridos preenchem *critérios de duas doenças*.

[105] Ibidem. Na nossa perspetiva esta abordagem é naturalmente lógica e consideramos que em relação aos delírios se passa o mesmo, diferem por grau.

[106] Cooper, R., *Classifying madness, a philosophical examination of the Diagnostic and Statistical Manual of Mental Disorders*, 2005, p. 148: "(...) I conclude that it is unlikely that D. S. M. categories will describe natural kinds of disorder".

[107] Pickard, H., "Mental illness is indeed a myth", 2009, p. 96.

estado sujeito ao aporte externo de substâncias sofreu "habituação" fisiológica com consequente alteração da cascata metabólica dos bioelementos.

Dado que a mente é uma estrutura dinâmica em contínua *formação*[108], justamente o núcleo filosófico hegeliano, a solução para o reequilíbrio psíquico e estabilidade emocional pode passar pela criação e implementação de *programas terapêuticos que integrem atividades quotidianas*[109], facto essencial para a reestruturação emocional e para a reorganização psíquica, como também o ensinou Hegel[110]. Apesar do atraso, já começamos a encontrar esta solução em Portugal.

2.2.2.2. Ronald Laing: considerações fenomenológicas em Psiquiatria

Ronald D. Laing foi um dos primeiros psiquiatras a criticar publicamente a própria profissão. Quis reformá-la. O *leitmotiv* da sua filosofia contém a tese hegeliana e parte do pensamento fenomenológico: quis assim, Laing, construir "fundações existenciais-fenomenológicas para uma ciência das pessoas"[111]. A sua conceção sobre a vida psíquica tumultuosa é muito próxima da de Hegel, de quem, facilmente se constata, era leitor. O título da sua obra emblemática é "The divided self" (*O si-mesmo dividido*). Veja-se a proximidade com este pensamento de Hegel: *o espírito, em si dividido, fica doente*[112]. Podemos

---

[108] Pickard, H., "Schizophrenia and the epistemology of self-knowledge", in *Oxford centre for neuroethics*, EuJAP, vol. 6, n.º 1, Oxford, 2010, p. 65. A mente forma-se através da decisão e da reflexão.

[109] Pickard, H., "Mental illness is indeed a myth", 2009, p. 97.

[110] Berthold-Bond, D., *Hegel's theory of Madness*, S.U.N.I. Press, Nova Iorque, 1995, pp. 201-203.

[111] Laing, R. D., *The divided self*, 1960, p. 15: "The existencial-phenomenological foundations for a science of persons".

[112] Hegel, G. W. F., *Enzyklopädie*, 2012, § 406-Z: "Die durch jene Trennung entstehende Seelenkrankheit ist (...) in sich Getrenntem, also Krankhaftem wird".

ainda constatar a sua sintonia com o filósofo alemão nesta descrição: "o termo esquizóide refere-se a um indivíduo cuja experiência, na sua totalidade, está dividida de duas formas principais: em primeiro lugar, a relação com o seu mundo está hipotecada e, em segundo, há uma rutura da relação consigo mesmo. Uma pessoa assim não está apta a experimentar-se a si própria 'conjuntamente' com os outros, ou a sentir-se 'em casa' no mundo mas, pelo contrário, experimenta-se no desespero do isolamento e da solidão"[113].

Influenciado pela filosofia existencial, este psiquiatra considerou que os sentimentos e as queixas daqueles que procuram ajuda psicológica não são obrigatoriamente sintomas de doenças: são *descrições de experiências emocionais situadas num contexto*[114]. É, por essa razão, incorreto afirmar que o sofrimento pessoal é uma patologia. Para captar os problemas e o sofrimento pessoal, considera, é necessário compreender o contexto vivido por cada pessoa; quem rodeia o indivíduo, como se relaciona, quais as suas motivações e perspetivas de vida, e qual o grau de felicidade. A vitalidade intelectual não pode ser pura e simplesmente homologada à bioquímica; fazê-lo é realizar uma falsa epistemologia pois o homem não se limita a ser um organismo, antes é essencialmente "ser-no-seu-mundo"[115]. Assim, podemos dizer que a existência esquizóide acima descrita é mais uma condição pessoal do que um estado *fisiológico*[116].

Num raciocínio semelhante ao de Szasz, para Laing, a psiquiatria devia começar a sua reforma modificando a forma de comunicar. Com

---

[113] Laing, R. D., *The divided self*, 1960, p. 15: "The term schizoid refers to an individual the totality of whose experience is split in two main ways: in the first place, there is a rent in is relation with his world and, in the second, there is a disruption of his relation with himself. Such a person is not able to experience himself together with others or at home in the world but, on the contrary, he experiences himself in despairing aloneness and isolation".

[114] Ibidem.

[115] Ibidem, p. 15.

[116] Ibidem, p. 16.

esta dedução, pretende chamar a atenção para o facto da linguagem médica transformar o sofrimento em doença mediante termos técnicos; deste modo "como podemos demonstrar o valor e o significado humano da condição do paciente se as palavras que usamos são especificamente designadas para isolar e circunscrever a sua significação pessoal numa entidade clínica?"[117]

Tendo reafirmado a crítica à causalidade na fenomenologia de Merleau-Ponty, a leitura de Laing constitui uma força mais que convoca a reflexão sobre o âmago da prática da psiquiatria pois "uma teoria das pessoas perde a sua forma se cair na conceção de homem como máquina"[118] na qual o comportamento se reduz a um *processo neuro-muscular*[119]. Logicamente, uma prática clínica assim sustentada *não chega a entender por que se desorganiza uma pessoa*[120].

Veja-se como entende, Laing, a desestruturação mental designada por *psicose*. Segundo ele, os psicóticos são aqueles que "parecem ter uma experiência de si mesmos primariamente dividida em mente e corpo"[121]. Neste sentido, a insegurança psicológica que experimentam leva-os a "fugir" *da parte de si tangível* (o corpo) e a *identificar-se* com a "parte" de si *descorporalizada*[122], aquela que não está à vista e onde o sujeito se pode esconder do mundo, a mente. É assim que estes sujeitos resolvem a *insegurança que sentem e os incomoda*. Trata-se justamente de um fenómeno da pragmática individual. O que acarreta em termos psicológicos é o seguinte: escondendo-se, isto é, não se

---

[117] Ibidem.

[118] Ibidem, p. 21: "(...) the theorie of man as person loses its way if it falls into an account of man as a machine (...)".

[119] Ibidem.

[120] Ibidem, p. 23

[121] Ibidem, p. 67: "(...) such persons do not seem to have a sense of that basic unity wich can abide through the most inseteconflicts with oneself (...)".

[122] Ibidem, p. 68. Essa descorporalização nunca é, segundo ele, total. Trata-se de uma questão didáctica; na verdade, todos nós, algures no dia-a-dia, experimentamos a sensação de alienação, e quem se sente descorporalizado também experimenta, momentaneamente, o corpo.

expondo e identificando-se com o inacessível, não existe, é ninguém (*no-body*). A sua vida é vazia.

Para o psiquiatra escocês, dentro da perspetiva que veremos com Hegel no momento subjetivo do espírito, e com Merleau-Ponty, relativamente à conexão com o mundo, a substância decisiva para a edificação de um *Eu* forte e autónomo são as categorias subjetivas que cada um constrói, quer dizer, as estruturas da consciência que permitem em último caso enfrentar *os conflitos existenciais* sem que o todo homem se desintegre.

Fenomenologica e psicologicamente, o gesto de fuga de si próprio é uma abstração com fragmentação psíquica: há um desfasamento íntimo entre o que o sujeito tem intenção de fazer e o que dessa pretensão se concretizou realmente[123]. Com Hegel, vê-lo-emos na *Antropologia*, o sujeito pode regredir de estados maturos para regiões psicológicas vazias (imaturas) onde predomina a paz interior e nos quais o sujeito está protegido do choque quotidiano. Para Laing este gesto de regressão, também tratado por Freud, é *uma escolha*[124] através da qual o indivíduo utrapassa ou minimiza o sofrimento daquilo que bloqueia as suas intenções. Agindo desse modo, o sujeito, não apenas não se preenche como, fugindo de si mesmo, falseia o próprio ato humano (a ação com os outros) passando a viver um síndrome neurótico caracterizado pela ansiedade, o sinal típico da *rutura da consciência*[125].

---

[123] Laing, R. D., *The divided self*, 1960, p. 77. Nem todos os projetos individuais se concretizam e o resultado são desequilíbrios existenciais provisórios. Para o psiquiatra são psicoses.

[124] Ibidem, p. 95.

[125] Ibidem, p. 115.

2.2.3. Efeitos negativos dos psicofármacos sobre o existir pessoal

Uma das consequências da cultura medicalizante que hoje domina, resulta na perceção comunitária que o humor pode ser "tratado". Por isso, esta ideia de "reguladores do humor" conduz ao seu uso desregulado de psicofármacos como *cosméticos do comportamento e da personalidade*[126], no fundo, arquitetos de *identidades artificiais*[127]. Têm, no entanto, efeitos secundários e colaterais *altamente nefastos*[128], muitos deles irreversíveis: inibem os mecanismos neurológicos naturais e substituem-se à vontade do sujeito comprometendo o interrelacionamento e a autonomia individual.

Apesar destas drogas terem como objetivo eliminar uma hipotética causa bioquímica[129] do sofrimento pessoal, não só não devolvem as condições "normais" à pessoa em sofrimento como acabam por desregular o existir e a relação consigo mesmo e com os outros. E mais: o sujeito passa a ficar dependente física e psicologicamente dos psicotrópicos, o que agrava o seu estado e postura comportamental.

No texto *A Depressão não é uma doença: saiba porque a Depressão não é uma doença nem existem anti-depressivos,* já citado, Carlos Pires apresenta uma reflexão tão rica quanto corajosa – tendo em conta que é dos primeiros autores credenciados em Portugal a fazer uma reflexão

---

[126] Ibidem, p. 62. Ver também: Szasz, T., "Pharmacracy: Medicine and poltics in America", S. U. P., 2001, in *The Myth of the mental illness*, p. xxii: "(…) the therapeutic state".

[127] Ibidem, p 55. Segundo o autor, os psicofármacos constroem personalidades inadaptadas ao mundo, os indivíduos usam-os como próteses bioquímicas de (pseudo) adaptação ao quotidiano. Ver ainda, Michela, M. e Parisoli, M., *Penser le corps*, 2002, p. 55.

[128] Pires, C., *A Depressão não é uma doença: saiba porque a Depressão não é uma doença nem existem anti-depressivos,* Ed. Diferença, Leiria, 2002, p. 95 e seguintes: "(…) 300 pessoas morrem por ano nos EUA como resultado de reações adversas (...) muitos dos efeitos adversos dos antidepressivos passam sem ser notados por afetarem sistemas corporais (sistema hematológico) (...) se acredita serem, apenas, mais um problema que a pessoa tem, ao invés de tal ser relacionado com o fármaco antidepressivo". Ver ainda Pires, C., *E quando o rei vai nu. Os problemas e as vítimas das drogas psiquiátricas,* Ed. Diferença, Leiria, 2003, pp. 158-164.

[129] Ibidem, p. 43 e seguintes.

crítica sobre os conceitos e a prática clínica psiquiátrica – acerca da desestruturação pessoal. Nele, o psicólogo foca-se principalmente no fenómeno depressivo e demonstra que à sua volta está consolidada uma rede de argumentações nosológicas cientificamente infundadas. De acordo com este professor de psicologia, *apenas cerca de quinze porcento das pessoas que se apresentam deprimidas desenvolverão realmente um síndrome depressivo clínico*[130]. Há algo mais do que o bioquímico que precisa ser considerado: a auto-relação e as relações sociais. É o que nos testemunha também P. Breggin: que a origem do problema depressivo nasce na relação consigo mesmo e no *contexto vivido*[131].

Mas as dúvidas que aqui redobramos não se restringem à conexão patológica dos sentimentos depressivos, a "doença sagrada" da psiquiatria, a "esquizofrenia" está também carregada de dúvidas quanto à consistência científica. O número de ensaios científicos sobre o tema é astronómico. Isto prova o caráter infinito do homem (e não da "patologia"). R. D. Laing considera que esta entidade é uma fase de adaptação da pessoa ao quotidiano e que as causas do seu sofrimento não devem ser procuradas no organismo, mas fora dele, no contexto vivido. Também é este o entendimento de Lefeuvre[132].

Os fármacos psicotrópicos são agentes químicos sintetizados e o seu mecanismo de ação, altamente específico para os tecidos cerebrais, atuando nas vias naturais, modifica bioquimicamente os feixes e os circuitos nervosos que relacionam entre si outras vias neurológicas

---

[130] Ibidem, p. 34.
[131] Breggin, P., *The antidepressant fact book*, 2001, p. 17: "Depression is not a disorder that can be separated from the context in wich people live and make choices". Ver ainda Pires, C., *A Depressão e o seu tratamento psicológico*, Ed. Diferença, Leiria, 2004, pp. 19-20.
[132] Lefeuvre, M., *Merleau-Ponty, au dela de la Phénoménologie du corps, de l'être et du langage*, 1977, p. 256: "(...) une névrose ou à une psychose, c'est toujours le recours à l'existence qui donne la clé de l'explication". Ver também a página 337 onde o autor declara que a explicação para o que se designa "esquizofrenia" reside na insegurança existencial, ou seja, que se trata de um problema de relacionamento.

comprometendo toda a comunicação neurofisiológica[133]. Isto provoca desorganização pessoal e desestruturação afetiva que atinge não só o existir autónomo mas também a relação das pessoas umas com as outras.

Que acha que acontece ao introduzir uma droga no sistema? Que pura e simplesmente "repõe" o "que falta" ficando a sujeito "tratado"? Não. Isso não acontece. Veja-se este excerto de uma carta de uma pessoa que tomou psicotrópicos durante anos:

> [...] *tenho 43 anos e sou uma alcoólica em recuperação. Há 3 anos e 7 meses que não bebo [...] Comecei a tomar anti-depressivos e ansiolíticos aos 14 anos de idade [...] Estive internada aos 22 anos [...] onde me decidiram dar também electrochoques. Nunca até hoje ninguém me explicou o porquê [...] Não tinha diálogo nem sequer com o médico (Eu precisava apenas de amor e diálogo) [...] Mais tarde outro internamento [...] e uns anos mais tarde outro [...] Faz um ano e meio que larguei as benzodiazepinas. Experiência dolorosa e difícil. Fui reduzindo ¼ de 15 em 15 dias. A sensação que tive foi que toda a vida me tinham receitado veneno. Os resultados estão agora à vista. Comecei-me a sentir uma pessoa normal, mais feliz, come se tivesse nascido outra vez, ou sido desenterrada [...] O medo foi um dos principais motivos do meu desequilibrio psicológico [...] o medo de uma recaída [...] medo de não ter nada para tomar*[134].

Além de agredirem os tecidos cerebrais e alterarem o neuro-metabolismo, os psicofármacos prejudicam carreiras profissionais, originam disfunções mentais de modo global e prejudicam a intimidade

---

[133] Breggin, P., *The antidepressant fact book*, 2001, p. 34. Pires, *A Depressão não é uma doença: saiba porque a Depressão não é uma doença nem existem anti-depressivos*, 2002, p. 91.

[134] Pires, C., *E quando o rei vai nu: os problemas e as vítimas das drogas psiquiátricas*, Ed. Diferença, Leiria, 2003, p. 223.

emocional das pessoas. Pergunta Carlos Pires, a este propósito: *que tratamento é este que não melhora o que é essencial?*[135].

Entre muitos dos efeitos secundários e colaterais dos psicotrópicos que afetam a vitalidade da consciência estão: afetação da atenção e da memória, ansiedade, pânico, fobia, humor depressivo, falsas memórias, perda de desejo sexual, atraso psicomotor, dano cerebral, disquinésia tardia[136], acatísia[137], distúrbios sensoriais[138], mania psicótica[139], vertigens, suicídio, alterações sanguíneas e cardíacas, confusão e perda da identidade, anorgásmia[140], *dano severo para com o amor e vida familiar*[141], ambliopia[142], alteração ou desaparecimento da menstruação, imunosupressão, indução de morte celular em linhagens de células neuronais, síndrome de abstinência, fragmentação do DNA.

Isto é justamente o contrário do que estudaremos com Hegel na *Antropologia,* na criação da consciência e da vida mental; com ele aprendemos que a relação a si mesmo do espírito é exatamente o ventre ontológico da consciência autónoma, livre, ou seja, saudável.

Se a natureza e a consequência pessoal, psíquica, das relações entre a pessoa e o mundo fosse orgânica, os problemas resolver-se-iam facilmente: bastava uma troca de micropeças ou alguma dose de in-

---

[135] Pires, C., *A Depressão não é uma doença: saiba porque a Depressão não é uma doença nem existem anti-depressivos,* 2002, p. 75.

[136] Espasmos musculares dolorosos.

[137] Situação gravíssima de agitação constante e insuportável.

[138] Pires, C., *A Depressão não é uma doença: saiba porque a Depressão não é uma doença nem existem anti-depressivos,* 2002, p. 64.

[139] Breggin, P., *The antidepressant fact book,* 2001, pp. 45-46: "(...) all antidepressants can cause mania (...)"; "(...) a doctor who became manic while taking Prozac. His career was completely ruined (...)".

[140] Impossibilidade de ter orgasmo.

[141] Ibidem, p. 72: "Antidepressants can ruin love and familiar life".

[142] Visão imprecisa.

dução bioquímica. No entanto, *não é*[143]. A interrelação é, não apenas corporal, mas principalmente dialética.

Tendo em consideração que as condições fenomenológico-existenciais variam de pessoa para pessoa e consoante o contexto, e que a plasticidade dialética (a capacidade compreensiva e racional do homem) é ela também própria de cada um, o modo de compreender o que se experimenta tem consequências diferentes para cada indivíduo. Isto produz configurações e estruturações psíquicas peculiares para cada indivíduo. Este fator, de acordo com a tese aqui defendida, tem primazia sobre a neurofisiologia.

Vejamos a título especial, porque grave, a categoria "perturbação da hiperatividade com défice de atenção" (P.H.D.A.); o seu público alvo são as crianças. A descrição nosológica desta entidade refere que as crianças, aparentemente, são doentes com "excesso de atividade" (hiper-activas) e instabilidade ao nível da concentração, por exemplo, nas salas de aula. Na verdade, estas qualidades não têm nada de patológico; são duas características normais da maioria das crianças: terem muita atividade e pouca capacidade de concentração nas salas de aula. No entanto, o artigo "Perturbação da hiperatividade e défice da atenção"[144] considera-a a perturbação neuro-comportamental "mais frequente nas crianças"[145] cuja "causa se desconhece" e diz: "pensa-se que resulta das interações entre os factores genéticos, biológicos e do meio ambiente[146]". O facto de dizer "pensa-se" atesta a dúvida. Declara ainda que o diagnóstico se baseia apenas em

---

[143] Pires, C., *A Depressão não é uma doença: saiba porque a Depressão não é uma doença nem existem anti-depressivos*, 2002, p. 71. É falaciosa a ideia de que há um valor constante de substâncias cerebrais que possa servir de padrão comparativo, senão bastava medir a concentração de uma molécula qualquer e dizer: *"este valor está aumentado ou diminuído, tem que o repôr, está aqui a receita"*.

[144] Revista portuguesa de clínica geral, n.º 20, 2004, pp. 451-454.

[145] Ibidem, p. 451.

[146] Ibidem.

"critérios comportamentais"[147]. Cientificamente, esta ideia é muito pouco credível. Carece de objetividade. Mas, mesmo tendo "causas desconhecidas", é bizarro, possui oficialmente um psicofármaco para o seu tratamento: o metilfenidato; como facilmente se deduz, as suas vendas dispararam. É o momento de revelar que de acordo com um estudo, os efeitos deste fármaco são praticamente os mesmos que os da cocaína[148]: provoca efeitos idênticos aos das anfetaminas, ou seja, mania, psicose e alterações comportamentais, agressividade, letargia, atraso no crescimento, delírio, confusão mental, sofrimento emocional, redução da atividade criativa. Poder-se-á concluir que quem ingere esta droga terapêuticamente, não só não "melhora", como piora? Parece-me óbvio que sim.

Não é de espantar que existam cada vez mais pessoas "tratadas" em psiquiatria, e cada vez mais problemas sociais com pacientes e ex-pacientes psiquiátricos numa espiral social que claramente perderá a compreensão de fundo. É preciso notar que há mais e mais pessoas dependentes de psicofármacos para regular o humor; parando a sua ingestão desregulam a estrutura psicológica. Resultado: a comunicação social apela que "é preciso dar mais atenção à saúde mental !"; ora, este é um apelo enviesado porque resulta de uma combinação de factos não completamente compreendidos. Não é que haja perda de saúde por causas naturais; há é cada vez mais pessoas que ficaram doentes e dependentes devido ao uso prolongado de psicotrópicos.

---

[147] Ibidem, p. 452.

[148] Pires, C., *E quando o rei vai nu. Os problemas e as vítimas das drogas psiquiátricas*, Ed. Diferença, Leiria, 2003, pp. 30-33.

2.2.4. A chave da resolução: a relação do sujeito consigo mesmo

Uma solução de equilíbrio é o que nos deixa o modelo de Hegel e Pinel que, veremos, está próximo do da psicologia contemporânea: cognitiva e psicossocial. Testemunhá-la-emos também num estudo feito por Zyolkowska e na abordagem clínica de cariz filosófico de W. Fulford.

William Fulford tem uma posição conciliadora entre a objetividade científica e a subjetividade individual e moral. Segundo ele *não há separação completa entre os conceitos de saúde – mais objetivos e relacionados com a funcionalidade corporal – e as conceções sociais, mais subjetivas; antes há uma interdependência estrutural que se concretiza na dimensão fenomenológica*[149].

Neste prisma, *estar doente* tem um significado pessoal: o sujeito está afetado na sua estrutura intencional, nos *ritmos da* existência quotidiana e na capacidade para agir. Na doença, a relação com os outros corrompe-se e, com ela, a autonomia do si-próprio, logo a capacidade de agir, facto que gera sofrimento. É o que acontece no fenómeno depressivo, o qual não se reduzindo a uma sequência fisiológica, manifesta uma desorganização e rutura ao nível das *estruturas da subjetividade criadas a partir da relação com o mundo*[150].

Matthews, a propósito dessa interdependência entre a subjetividade e o mundo, apoiando a nossa tese, que as desordens mentais não se circunscrevem ao cérebro, pensa que um fenómeno depressivo tanto pode resultar de uma alteração na concentração dos neurotransmissores no cérebro, como o oposto, *um estado mental, psicológico, que*

---

[149] Fulford, K. W. M., "Praxis makes perfect: illness as a bridge between biological concept of disease and social conceptions of health", in *Theoretical Medicine*, 1993, p. 305.

[150] Carel, H., *Illness*, 2008, p. 9. Cem por cem dos seres humanos têm variações sanguíneas ao longo do dia, mês, ano. Todas as alterações no quotidiano vivencial modificam a qualidade sanguínea. Para a autora, está demonstrado que "uma descrição puramente fisiológica de um estado doente é insuficiente".

produz modificação neurofisiológica[151]. Esta segunda hipótese exprime a conformação dos processos fisiológicos do sistema nervoso central à subjetividade, à vida mental, aos valores, ao desejo, no fundo, ao espírito. Dizendo-o com outras palavras, a vontade e o agir do indivíduo, o seu estado mental, a sua consciência prática, participam, afinal, na reconfiguração anatomo-fisiológica do cérebro: *sujeito e mundo interagem e conformam-se entre si*[152].

Segundo Seligman e Aaron Beck a depressão instala-se nas pessoas porque estas acreditam não ser capazes de se reequilibrar e porque formam esquemas de interpretação do quotidiano cujo resultado é sempre mau, isto é, têm uma perspetiva negativa sobre o que os rodeia[153].

Eric Matthews lançou uma hipótese com a qual nos identificamos, que a relação entre a fisiologia e a organização intelectual é bi-unívoca: também as relações e as atitudes provocam alterações fisiológicas e anatómicas ao nível das redes neurológicas do sistema nervoso central. É o que acontece segundo um estudo que conclui que o exercício físico, o planeamento e a execução de movimentos complexos, estão associados a reestruturações neurológicas, justamente o que acontece com os judocas, que apresentam uma maior densidade de substância cinzenta[154]. Surge ainda como exemplo de uma *atividade desportiva que ajuda a melhorar as manifestações e a ansiedade do epilético*[155]: a atitude do judoca estimula mecanismos internos de reparação e participa na regressão da epilepsia, não só devido à ação física, mas também porque exige capacidade decisiva. Como reproduz acções humanas de modo

---

[151] Matthews, E., *Body-subjects and disordered minds: treating the whole person in psychiatry*, 2007, pp. 65-66.

[152] Arida, Cavalheiro, Vieira, Scorza, *Judo: Ippon scored against epilepsy*, in "Epilepsy & Behaviour", volume 17, issue 1, January 2010, p. 136.

[153] Pires, C., *A Depressão não é uma doença: saiba porque a Depressão não é uma doença nem existem anti-depressivos*, 2002, pp. 55-56.

[154] *Journal of Science and Medicine in Sport*, vol. 12, Novembro de 2009, pp. 688-690.

[155] Arida, Cavalheiro, Vieira, Scorza, *Judo: Ippon scored against epilepsy*, in "Epilepsy & Behaviour", volume 17, issue 1, January 2010.

completo, o judo pode regular e influenciar a fisiologia do córtex cerebral. Exemplo: uma fundação em Lisboa associou-se a uma *casa de saúde mental*[156] de modo a reativar o Golfe como atividade terapêutica em pessoas sob intervenção psiquiátrica, indivíduos dependentes de psicofármacos com enormes dificuldades motoras – que são efeitos colaterais e secundários frequentes destas terapias.

Fulford apresentou não só uma nova conceção de *saúde* e *doença*, mas uma reformulação do modelo médico tradicional, principalmente ao nível da construção do diagnóstico de doença mental. A sua tese integra num todo de sentido médico – prática clínica, ensino e investigação –, a experiência subjetiva do estar doente e o estudo sobre a estrutura da ação humana; constrói uma ponte (*Bridge*), uma conexão lógica, entre o domínio biológico e o quotidiano vivido; nela, o ético[157] e as estruturas do agir[158], os elementos subjetivos e os objetivos juntam-se num todo de significado antropológico com referência médica. Desta forma é possível adquirir uma perspetiva mais ampla e completa sobre a *experiência de estar doente*. Para Fulford, estar doente é essencialmente uma *falha da capacidade para agir*. Assim, segundo Fulford, temos de dar maior peso diagnóstico ao contexto vivido, aos valores e aos juízos pessoais provenientes do quotidiano *para compreender as estruturas da psique e o seu papel na aço quotidiana*[159]. Notemos que esta perspetiva com consequências clínicas não se dirige apenas às noções de saúde e doença, mas atinge a própria *organização da medicina no sentido em que traz para o seio da metodologia clínica, simultaneamente, teorias biológicas e sociais*[160].

---

[156] Fundação S. João de Deus e Casa de Saúde da Talha.

[157] Fullford, K.W.M., *Moral theory and medical practice*, 1989, p. 262: "(...) ethics based (...)".

[158] Fulford, K. W. M., "Praxis makes perfect: illness as a bridge between biological concept of disease and social conceptions of health", 1993, p. 308. Podemos chamar-lhe *perda da capacidade de agenciamento*.

[159] Ibidem, p. 315-316.

[160] Ibidem.

O factor que concilia todos os elementos desta teoria e que prima pela conciliação é a Filosofia[161]. Isto "põe à prova não só a filosofia da medicina, mas a filosofia em geral"[162].

Fulford construiu assim um paradigma novo em medicina[163]: o modelo da *medicina baseada em valores* (MBV); revela o lado prático da Filosofia atuando sobre o *sistema de saúde moderno*[164], pois, traz para o núcleo da prática clínica a *experiência do sofrimento na primeira pessoa* superando desse modo o método tradicional da objetividade orgânica na medida em que favorece os *valores individuais*[165] e o próprio projeto pessoal de felicidade.

Para Eric Matthews, *não há causas independentes que provoquem a escolha individual*[166] (a não ser em caso de doenças neurológicas profundas). Para este autor as acções pessoais têm *significado que alimenta e constitui* as intenções, os pensamentos, os desejos e *o modo como cada um se cultiva a si próprio na experiência do mundo*[167].

---

[161] Fulford, K. W. M., "The potential of medicine as a resource for philosophy", in *Theoretical Medicine*, vol. 12, University of Oxford, 1991, p. 83: "(...) the validity of the very concept of mental illness is (...) debate in ethical theory (...) in medicine (...) our concepts are often highly problematic. This is why philosophy is relevant to medicine".

[162] Fulford, K. W. M., "Praxis makes perfect: illness as a bridge between biological concept of disease and social conceptions of health", 1993, p. 315-316: "(...) a test of theory not only in the philosophy of medicine but also in general philosophy (...)".

[163] Fuford, K. W. M., "Facts/values, ten principles of Values-Based Medicine", in Radden, J., *Philosophy of Psychiatry*, 2004, p. 205.

[164] Ibidem: "(...) modern health care (...)".

[165] Ibidem, p. 213.

[166] Matthews, E., *Body-subjects and disordered minds: treating the whole person in psychiatry*, 2007, p. 160.

[167] Ibidem, p. 155.

2.2.5. A consulta psiquiátrica: o psiquiatra, o paciente e a narrativa do sofrimento

Justyna Ziólkowska fez um estudo na Polónia no qual relacionou a subjetividade inerente ao discurso do médico e do paciente, com a objetividade científica. Segundo esta investigadora, a consulta médica é uma entrevista técnica com vista a escolher, de acordo com a subjetividade do psiquiatra, os elementos que *servem* para construir o diagnóstico psiquiátrico[168].

Este estudo também foi útil para dar a conhecer que o psiquiatra vive uma tensão que oscila entre aqueles dois polos: (a) a pressão para entrar nas vivências do paciente e (b) a necessidade de encontrar os critérios (técnicos e objetivos) que sirvam determinada categoria nosológica.

No artigo que redigiu, "As posições adotadas durante a consulta psiquiátrica perante as questões do médico"[169], para o qual gravou inúmeras entrevistas durante consultas psiquiátricas, Ziólkowska usou o conceito de "posicionamento"[170] e concluiu que (1)o tipo de questionamento feito pelos profissionais influencia as respostas dos pacientes, portanto, a informação obtida, logo, o próprio diagnóstico, e (2)que os profissionais preferem usar um tipo de perguntas que coloca os pacientes em posições afastadas de si mesmos. Permitiu ainda

---

[168] Ziólkowska, J., Positions in doctor's questions *during psychiatric interviews*, Sage publications, Poland, 2009, p. 1622. Ver a este propósito o texto de Jenner, F. et all, *"Esquizofrenia", uma doença ou alguns modos de se ser humano?*, Ed. Caminho, Lisboa, 1992, pp. 60, 62, 64.

[169] Ibidem, 1627. Salientamos a riqueza deste texto porque analisa as raras entrevistas dadas pelos psiquiatras. O artigo baseou-se numa série de entrevistas feitas a psiquiatras estagiários e têm um elemento muito importante: foram feitas durante a primeira consulta psiquiátrica depois de admitidos pelo estabelecimento hospitalar psiquiátrico. A autora analisou, não as formas gramaticais empregues durante a entrevista, mas o tipo de posição que os analisados são forçados a adotar por força das perguntas feitas.

[170] Ziólkowska, Positions in doctor's questions *during psychiatric interviews*, 2009, p. 1625. As pessoas sofrem uma pressão durante o diálogo, natural a qualquer linguagem, que as obriga a uma determinada posição.

chamar a atenção para o nosso objetivo, que cada um de nós precisa aceder à sua essência de forma a ganhar autonomia e autoconfiança. Este ponto é exatamente o que vamos concluir da conceção filosófica de Hegel.

A crítica que fazemos neste tópico não visa a objetividade do psiquiatra nem a subjetividade do indivíduo que veste a profissão, mas somente mostrar que o diagnóstico de doença mental, no momento da recolha dos elementos fundamentais, está trespassado pela dúvida.

Num estudo conduzido em 1949, Philip Ash mostrou precisamente a falta de concordância entre 3 psiquiatras perante um grupo de 52 pacientes: apenas em 20% dos casos os 3 psiquiatras estavam de acordo com o diagnóstico enquanto que em 35% dos casos houve concordância de 2[171]. De referir ainda uma terceira problemática que conduz a uma aporia: se o profissional se embrenhar na subjetividade da narrativa do sujeito – saindo, assim, da objetividade que caracteriza a procura pelos sinais patognomónicos –, perde objetividade médica[172].

A investigadora diz que a falta de objetividade se deve à "influência dos valores subjetivos do profissional na selecção dos sinais de diagnóstico"; segundo ela, isto acontece principalmente porque "as questões colocadas pelos psiquiatras influenciam diretamente a informação obtida"[173], observação importante porque este deslize originário leva a que o profissional se afaste da origem do sofrimento e, consequentemente, da possibilidade de *cura*.

---

[171] *Journal of abnormal and social psychology*, vol 44(2), 1949, pp. 272-276). Ver Adebimpe, V., Cohen, E., "Schizophrenia and affective disorder in black and white patients: a methodological note", in *Journal of national* Association, vol. 81, n°7.

[172] Neighbors, H.W., Jackson, J.S., Campbell, L., Williams, D., "The influence of racial factors on psychiatry diagnosis: a review and sugestions for research", in *Community mental health journal*, 25 (4): pp. 301-311, University of Michigam School of Public Health, E.U.A., 1989.

[173] Ziólkowska, Positions in doctor's questions *during psychiatric interviews*, 2009, p. 1621. Segundo a autora, limitar o diálogo e o discurso significa limitar a representação que cada pessoa faz de si própria: limita o outro.

Num outro estudo conduzido na Polónia e apresentado no 12.º Congresso Internacional de Filosofia e Psiquiatria (Lisboa 2009), Galasinski fez a seguinte pergunta a um psiquiatra: "quando é que uma pessoa começa a ficar com depressão?"; o psiquiatra respondeu que "uma pessoa tem depressão quando o médico assim o decidir"[174].

Rom Harré, refletindo sobre a importância da subjetividade no diagnóstico psiquiátrico, apontou que é o médico especialista quem estipula o que pode ou não pode servir para o diagnóstico e *iniciar todo o processo*[175].

Neste sentido, Zyolkowska quis conhecer o tempo concedido pelo psiquiatra a ouvir a *narrativa das experiências* pessoais do indivíduo em sofrimento. O cerne da entrevista está em que o diálogo questionador que se estabelece entre ambos possui uma força semântica tal que *encoraja a construção de significados específicos* e *desencoraja outros*[176]; por isto mesmo, a relação de empatia que se estabelece entre o médico e o paciente pode ser usada para aceder à raíz do sofrimento e iniciar a recuperação. É justamente isto que encontramos na solução de Pinel e Hegel, e também de Viktor Frankl, R.D. Laing e Szasz. Que a intimidade entre ambos permite que o paciente encontre o caminho íntimo para a catarse. Encontramo-lo também na psicanálise freudiana: é a reflexão sobre si próprio que estimula o resíduo de razão que despoleta a capacidade compreensiva e inicia a recriação da consciência. Eis o lugar da resolução da loucura e da desordem mental: o indivíduo põe a trabalhar a sua capacidade dialética-racional refletindo sobre si, justamente se for estimulado a narrar as próprias

---

[174] Galasinsky, D., *Diagnostic criteria and psychiatrist's accounts of clinical significance*, 2009.

[175] Harré, R., "Setting benchmarks for psychiatric concepts", 2004, p. 409.

[176] Foucault, M., *Power/knowledge: selected interviews and other writings (1972-1977)*, Ed. C. Gordon, Nova Iorque: Pantheon, 1980, citado em Ziólkowska, J., *Positions in doctor's questions during psychiatric interviews*, 2009, p. 1623. Com o termo "desencorajar" queremos sublinhar que a entrevista, como qualquer diálogo, influencia os interlocutores entre si.

vivências. É a solução de Hegel. Nesse diálogo, que também é consigo próprio, compreende-se, apreende a origem do transtorno e inicia o reequilíbrio mental.

Segundo Zyolkowska, *aquilo que cada paciente negoceia* (ou devia ser estimulado a negociar) *durante a entrevista médica, o seu posicionamento, é a representação ou a renovada representação de si próprio*[177]. A chave está aqui. O indivíduo, no momento em que está em consulta do foro psicológico fica aberto a negociar-se a si mesmo, isto é, quer reconstruir-se; consciente ou inconscientemente.

Quando descreve na primeira pessoa o que sentiu, o que passou, que reações teve ou quis ter e de que modo as compreendeu perante o que lhe sucedeu, dá conta das dúvidas, testemunha o sofrimento, o desespero, e encaminha-se para o conhecimento de si, aproximando-se, afirmemo-lo sem dúvidas, do reequilíbrio e da (re)estruturação psíquica.

O juízo feito pelo clínico é que determina se aquilo que o sujeito lhe conta é, ou não, clinicamente significante; se é, ou não, objetivamente válido, e se se conforma a esta ou àquela categoria médica. Isto permite-nos perceber a força do discuso médico: o psiquiatra está na posição de propor um *acordo sobre a identidade depressiva*[178]: pode estimular a renovação da identidade do indivíduo no esquema de realidade, por sua vez recriada, fenómeno que, na verdade, é sugerido a partir de uma posição no diálogo claramente privilegiada, a posição (subjetiva) do psiquiatra. De referir que esta posição pode, claramente, ser ocupada por outra pessoa que não um médico: professor, amigo, pai, mãe, cônjuge, etc.

---

[177] Ziólkowska, Positions in doctor's questions *during psychiatric interviews*, 2009, pp. 1622-1623.
[178] Breggin, P., *The antidepressant fact book*, 2001, p. 17: "(...) imposing illness identities (...)".

Nesta perspetiva, Galasinsli pôde observar que no fenómeno depressivo há uma dimensão "lexico-gramatical"[179] associada ao discurso do psiquiatra: o sujeito depressivo vai construindo a sua identidade *pintando a realidade com os elementos que o discurso nosológico (do psiquiatra) lhe vai fornecendo*[180], discursividade que funciona como um sistema de opções que autorizam o *sujeito a vincular-se a um papel dentro do mundo que vive* e a *aglutinar uma rede de valores e significados*[181], uma identidade, (e) um mundo. Isto também acontece com outras categorias psiquiátricas, como a *esquizofrenia e* anorexia, que consolidaram *a sua verdade nosológica precisamente nos discursos dominantes da psiquiatria moderna*[182].

---

[179] Galasinski, D., *Men's discourses of depression*, Ed. Palgrave, 2008, p. 13: "(…) an important aspect of depression narratives: its lexico-grammatical form".

[180] Ibidem, p. 15.

[181] Ibidem, p. 14.

[182] Ibidem, p. 15: "(…) diseases as schizophrenia or anorexia came to existence only after they were created by the dominant discourses of modern psychiatry (…)".

III

O ESPÍRITO, A CONSCIÊNCIA E A LOUCURA SEGUNDO HEGEL

3.1. Filosofia da criação da consciência

3.1.1. O propósito da *Antropologia*

A consciência é a epifania imediata do espírito humano. É o saber imediato da nossa presença individual íntegra. Mistura liberdade, corporalidade e transcendência individual. Hegel descreve a sua criação na "Antropologia" da *Enciclopédia das ciências filosóficas em compêndio*[183] que, segundo Richard Kroner "é a exposição mais rica e mais acabada que o Idealismo alemão experimentou"[184], *a morada do espírito*[185].

A *Enciclopédia* está dividida em três grandes momentos, Lógica, Filosofia da Natureza e Filosofia do Espírito. O primeiro capítulo da Filosofia do Espírito é justamente a *Antropologia* e faz a passagem do natural para a vida espiritual humana. Nela, o filósofo mostra o parto

---

[183] A edição aqui usada é a terceira, publicada em 1830.

[184] Kroner, R., *Von Kant bis Hegel*, Tübingen, J.C.B.Mohr, 1961, citado em Bourgeois, B., *Encyclopédie des sciences philosophiques I*, 1979, (P) p. 12.

[185] Bourgeois, B., *Encyclopédie des sciences philosophiques I*, 1979, p. 13.

da consciência. Constitui por isso o núcleo de toda a argumentação do presente texto.

Qual é o objetivo do espírito? É agir para dar vida à liberdade, tirando daí satisfação, sendo feliz. Quando o homem age, já está a manifestar liberdade; logo, realizou a sua essência, que é ser livre. Quando isto acontece, diz-se, o espírito adequou-se à sua essência: atingiu a sua verdade. Na *Antropologia*, esta adequação, a realização, consiste na edição de um Eu global. Nesse patamar conciliador, que é o da razão especulativa, o ato de se realizar consiste na efetivação do seu *conceito*, na consumação da verdade, a única "que pode ter interesse e valor para o espírito"[186], pois atingiu uma conformação adequada a si mesmo, ser genuíno.

Este estágio, o primeiro, deixa conhecer a filosofia de Hegel, que ela é reorganizadora do *reino do espírito*[187], o processo de desenvolvimento interior da espiritualidade humana.

O que dissemos sobre a sistematicidade científica da Filosofia e do seu caráter concetivo pode transpor-se para chegar a perceber a consciência e a *loucura*, anteriormente atribuída a entidades exteriores, *sobrenaturais, invasão espiritual, demónios*[188]. No entender de Hegel, pelo contrário, a *loucura* não vem de um ataque exterior, o conflito interior da vida mental é constitutivo da própria razão; a divergência, a dúvida e a possibilidade (e dignidade) do outro, estão lá desde sempre: "o pensamento requer a alteridade pois é intrisecamente universal, é ser-com-os-outros, e torna-se vazio quando se retrai para a interioridade nascisística do 'Eu sou Eu' "[189].

---

[186] Ferreira, M., *Prefácios*, I.N.C.M., 1990, p. 138.

[187] Hegel, G. W. F., *Enciclopédia das ciências filosóficas*, vol. 1, 1988, (IT) p. Ibidem, p. 35.

[188] Porter, R., *Madness, a brief history*, 2002, pp. 10-14.

[189] Berthold-Bond, D., *Hegel's theory of Madness*, S.U.N.I. Press, Nova Iorque, 1995, p. 52: "For Hegel, thought requires otherness, since it is intinsically universal, a being--with-others, and becomes empty when removed into the narcissistic interiority of 'I am I' ". Ver ainda o texto *Diferença entre os sistemas filosóficos de Fichte e Schelling*, 2013, p. 30: "(...) Eu=Eu, é o princípio do sistema de Fichte (...)".

O próprio irracional involuntário, contrariamente à suspeita comum de que o hegelianismo é exclusivamente racionalista, afinal, é interior à racionalidade, cogitação que o filósofo alemão desenvolveu *ao longo da sua obra, na ética, na estrutura da ação, na ontologia da alienação e na filosofia da linguagem*, tendo claramente antecipado a psicanálise freudiana que defenderá que *por detrás da consciência e do agir humano, reside o involuntarismo pulsional*[190].

3.1.2. O sistema filosófico hegeliano

A filosofia de Hegel, bem como a sua conceção de Espírito (*Geist*), não é abstrata. Pelo contrário, é uma filosofia cuja matéria prima é o empírico. É concreta e refere-se ao real. É uma filososfia exigente porque para atingir a máxima profundidade do reino psíquico, o filósofo usou uma linguagem incomum.

Para consolidar a conceção de que o hegelianismo é, de facto, um conhecimento do mundo, tangível, real, é preciso sublinhar que a sub-estrutura lógica que subjaz à sua inteligibilidade apoia-se precisamente no real. Dito por outras palavras, o conteúdo sobre o qual a razão atua para estruturar a vida psíquica – que Hegel quer captar e expor – é a experiência vivida.

A filosofia hegeliana, didaticamente, é composta por três esferas ontológicas: os sentimentos, as sensações e a intuição provindas do que o sujeito experimenta, (a)o realismo; deste, o espírito humano adquire conhecimento, (b)conhecimento empírico; por último, (c)o pensar lógico atua sobre este manancial de conhecimento a partir de onde o sujeito estrutura a vida mental. Estas três realidades constituem o sistema filosófico de Hegel.

---

[190] Ibidem, p. 120.

Porquê a Filosofia, e porque não a Psicologia, para chegar a compreender o espírito humano? Segundo Hegel, há dois tipos de Psicologia: (1)a Racional, ou *Pneumatologia*, que considera que o espírito é uma essência velada apenas apreensível intelectualmente, é uma "metafísica abstrata do entendimento"[191], e (2)a Empírica, mecanicista, para quem o espírito é uma soma de qualidades ao estilo de um objeto físico. Tanto uma como a outra não chegam a atingir que o espírito humano é *natureza viva, processo de auto-realização*[192], atividade viva.

Estas psicologias não percebem que cada pessoa *tem estas ou aquelas determinações, e não outras,* não porque esteja pré-determinado biologicamente ou porque o ambiente contextual lhe implanta qualidades pessoais, mas porque é livre para se auto-produzir. A significação pessoal e a arquiteturação psíquica não provêm diretamente do mundo exterior; são mediados pela razão dialética. É assim que o espírito se concebe como um individualidade corporalizada, *uma auto-identidade auto-diferenciada, ou espírito-corporal, irredutível a um organismo dependente das leis materiais fisico-químicas*[193].

As abordagens mecaniscistas ao homem não chegam a compreender a liberdade da determinação do espírito e limitam a noção de consciência e de pensamento a explicações biológicas. Não apreendem que "o objeto da ciência do espírito só pode ser o espírito vivo"[194].

---

[191] Hegel, G. W. F., *Enzyklopädie*, 2012, § 378: "abstrakter Verstandesmetaphysik".

[192] Ibidem, § 381-Z.

[193] Russon, J., *The self and its body in Hegel's Phenomenology of Spirit*, 1997, p. 53: "The self-identity of the self-conscious self is thus always a self-differentiation (...) this concept of self-differentiating self-identity, or embodied selfhood (...)".

[194] Hegel, G.W.F., *Ein Fragment zur Philosophie des Geistes*, 1822-1825, citado em Petry, M. J., *Hegel's Philosophy of Subjective Spirit, Introductions*, 1978, p. 98: "(...) zum Gegenstand der Wissenschaft vom Geiste nur den lebendigen Geist, und zur Form des Erkennens nur dessen eigenen Begriff und nach der Nothwendigkeit seiner immanenten Entwicklung, haben kann". Este "fragmento" é o esboço, feito entre os anos de 1822 a 1825, daquilo que será na edição de 1827 a Introdução à Filosofia do Espírito (§§ 377--380 da edição de Boumman da *Enciclopédia*). Ver a nota explicativa (nota explicativa do tradutor = NE) "25,18" em Petry, M. J., *Hegel's Philosophy of Subjective Spirit*, 1978, *Introductions*, p. 148.

Por outras palavras, que a auto-realização é um acontecimento interior que acontece devido à primordialidade de ser livre, a *necessidade absoluta que alimenta a auto-determinação do espírito*[195], que faz com que o homem habite uma esfera de significação superior à matéria, que em si *não tem verdade*[196].

3.1.3. O que é o espírito?

O espírito é, segundo Hegel no seu "Fragmento da Filosofia do Espírito", "o si próprio interior por excelência"[197]; sublinhemos a sua natureza: o si-próprio humano é a capacidade que o homem tem para ser, para se auto-produzir. O espírito hegeliano é, não uma entidade estática, mas *presença íntima de subjetividade*, desejo de exteriorizar, *ex*-pôr o que está implícito na sua natureza, de "libertar o próprio arbítrio"[198].

A primeira frase de todas da Filosofia do Espírito, podemos considerar, é o mote para quem quiser estudar o espírito humano. Diz que, conhecer o espírito é, não apenas sublime e difícil – porque exige compreender o processo da *auto-conceção*[199] –, mas fundamentalmente

---

[195] Hegel, G. W. F., *Enzyklopädie*, 2012, § 379-Z: "(...) den Geist als eine notwendige Entwicklung (...)".

[196] Ibidem, § 389: "Der geist ist die existierende Wahrheit der Materie, daß die Materie selbst keine Wahrheit hat".

[197] Hegel, G. W. F., *Ein Fragment zur Philosophie des Geistes*, 1822-1825, citado em Petry, *Hegel's Philosophy of Subjective Spirit*, 1978, p. 90-91: "(...) Geist als unser inneres Selbst (...) das sich selbst schlechthin Innerliche (...)".

[198] Bourgeois, B., *Encyclopédie des sciences philosophiques I*, 1979, p. 8: "(...) pur intérieur (...) avide de libérer son propre arbitraire (...)".

[199] Hegel usa o termo "schwerste" que implica a dificuldade em percorrer o caminho para atingir o objetivo de chegar a conhecer o espírito. No entender de M. Inwood, referindo-se a Hegel, Geist (o Espírito), é o que "impulsiona o seu pensamento para a frente e para cima. Se há algum 'segredo de Hegel', esse segredo é o Espírito" (*Philosophy of mind*, Trad. de Wallace e Miller, revisão e introdução por M. Inwood, Oxford University Press, Nova Iorque, 2007, p. IX.

concreto: "o conhecimento do espírito é o mais concreto que há, por isso, o mais sublime e difícil de atingir"[200]. Isto, porque se trata da apreensão, não de uma entidade estática, mas de um ser concreto, real.

Primeiro, é *difícil* conhecer o espírito porque ele se manifesta numa multiplicidade de formas – o universo humano –, e segundo, é real porque é tangível. Eis que surge a questão: como é que o infinito pode ser tangível? O viver humano é a manifestação da *liberdade*, a revelação da "essência do espírito". Não se trata de uma abstração magico-religiosa ou de um conjunto de sensações fisiológicas. A sublimidade que caracteriza a "universalidade humana"[201] existe na manifestação.

Assim, para conhecer o espírito é preciso captar este processo que é a conceção de si mesmo do homem, na verdade, tudo o que o homem faz é no sentido de se realizar. O acontecimento nuclear da *Antropologia* é justamente o despertar do espírito livre. Neste estágio podemos verificar que a manifestação da liberdade não é a concretização de projetos pessoais na sociedade. É mais profundo. O fenómeno aqui estudado é a criação, processo durante o qual o homem se eleva acima da animalidade ganhando conhecimento de si. Este gesto, da transição da natureza para o espírito, "o processo de avançar libertando-se da natureza é o ser do espírito, a sua substância"[202].

É exatamente por isto que, nem a psicologia racional, demasiado abstrata, nem a psicologia empírica, avessa à especulação filosófica e ignorante da *sub-estrutura logico-metafísica que caracteriza a dinâmica do espírito*[203], percebem que o espírito "não é repouso, mas antes absoluta inquietude, pura atividade"[204].

---

[200] Hegel, G. W. F., *Enzyklopädie*, 2012, § 377: "Die Erkenntnis des Geistes ist die konkretest, darum höchste und schwerste".

[201] Ibidem: "(...) der Erkenntnis des Allgemeinen, des Menschen und damit wesentlich des Geistes (...)".

[202] Ibidem, § 377-Z.

[203] Ibidem, § 378-Z.

[204] Ibidem, § 378-Z: "Der Geist ist nich ein Ruhendes, sondern vielmehr das absolut Unruhige, die reine Tätigkeit (...)".

3.1.4. Dialética, liberdade e loucura

Um dos elementos que dificulta conhecer o espírito é justamente apreender o que significa *liberdade*. Especificamente o facto desta ser tangível apenas na manifestação, no agir, na ação mesmo. Pergunta: como poderemos nós verificar um conceito metafísico como a liberdade? Resposta: na região real, na presença. Procurando a essência do espírito deparamo-nos com este problema que reúne os elementos antropológicos por excelência: razão dialética, espírito, liberdade e agir individual. É possível tocar a liberdade compreendendo a seguinte elipse ontológica: o espírito, agindo, conhece-se (fica a conhecer que é livre para agir) e, ao se conhecer assim (realizado e imediatamente consciente), ganha consciência (agora num grau superior) de ter realizado a sua essência (que é ser livre e capaz de se produzir); ou seja, manifesta-se (age produzindo-se) e passa a conhecer-se, num patamar ontológico cada vez superior, isto é, mais livre.

Este "produzir-se" é a sua realização. E, este acontecimento, essencialmente antropológico, acontece porque o espírito possui uma faculdade determinante, a dialética. Esta é a razão a trabalhar sobre o todo. Na *Antropologia*, a dialética é a faculdade que mistura finitude corporal e infinitude espiritual, num todo agente de si: *homem* (ανθρωποϚ).

Normalmente conhecida como um processo intelectual quase mecânico de síntese de posições, a dialética é na verdade, a capacidade para negar; por outras palavras, é a possibilidade mental para nos afastarmos e refletir sobre qualquer coisa: é a alma da Filosofia. Esta faculdade dialética-compreensiva é a racionalidade produtora da vida intelectual, a especialidade humana que efetiva a liberdade. A dialética impulsiona o pensar integrador e gera; dá existência à imaterialidade espiritual da razão produtiva e compreensiva, e doa infinitude ao corpo.

Na fase antropológica, insistamos neste ponto fundamental, o dialético é o que conforma e imiscui entre si o corporal "e" a subjetividade que está a irromper, num todo. Ou seja, a capacidade dialética do homem concilia o percebido do mundo e a infinitude humana numa estrutura sensorio-racional ou espiritual-carnal com sentido: faz acontecer a adequação subjetiva do corpo ao espírito. Atualiza. Podemos ainda dizer que ela é o trabalhar da razão a gerar a subjetividade, faz o espírito ser sujeito: faz este ser, humano, sujeito agente de si.

No período maturativo da vida psíquica aqui estudado, o espírito vê-se confrontado com a força das necessidades corporais. Essa oposição provoca conflito mental que podemos ilustrar no sentimento de contradição vivido no quotidiano quando, por exemplo, temos que fazer uma escolha entre duas alternativas viáveis. Perante a contradição íntima, o homem experimenta a fase psíquica *loucura* (*Verrücktheit*); nela, acontece bloqueio dos processos concetivos da razão. A razão dialética construtiva anquilosou. O dialético racional, pela importância que tem na arquitetura ontológica, é precisamente o que está no cerne da loucura. Usando uma metáfora meteorológica, é o *olho do tornado*. A sua obstrução impede a produção do "sentido" e da "ordem simbólica" originando interrupção do fluxo mental e desestruturação pessoal. Para Jon Mills, um dos muitos estudiosos de Hegel citados como forma de confirmar a tese e trazê-la até ao século XXI, a dialética "é a essência da vida psíquica e, caso fosse repelida, os processos conscientes e inconscientes evaporar-se-iam"[205].

Em jeito de remate, podemos dizer que a dialética compreensiva é o motor do (auto-)conhecimento e, consequentemente, da efetivação

---

[205] Mills, J., *The unconscious abyss, Hegel's antecipation of psychoanalysis*, S.U.N.I. Press, 2002, p. 195.

da consciência. Constitui o sangue da vida concetiva (*begreifen*), quer dizer, *a capacidade do espírito para se realizar a si mesmo*[206].

Por outro lado, a razão concetiva constitui também o correlato psíquico da liberdade do espírito. assim sendo, durante a fase antropológica, na região inconsciente, é a força dialética que permite a progressão do espírito até que este seja sujeito e consciência (*Bewußtsein*).

Clássica, mas não rigorosamente, a dialética costuma ser definida como um movimento formal triádico: tese, antítese, síntese. Trata-se de uma desfinição que não atinge o âmago da faculdade porque induz a falsa ideia de que ela é uma ação quase mecânica; desse modo, não faz justiça à liberdade que expressa. Na verdade a dialética é a fonte da *atividade da essência do espírito*[207]: capacidade para negar, "razão negativa"[208]. Na investigação que fez à dialética de Hegel, J. Mills afirmou que "o movimento do pensamento reside precisamente na dialética negativa – algo só pode ser conhecido relacionando-se com aquilo que ele não é"[209]; isto significa, na verdade, capacidade para questionar e retrair-se negando aquilo que questiona, isto é, pôr em dúvida o que quer que seja: pô-lo como possível *não-ser*.

Este gesto é filosófica e antropologicamente fundamental: dá *determinação ontológica* àquilo que é diferente; simultaneamente auto-realiza-se, isto é, faz de si, depois de preenchido com o seu outro – o seu *não-ser* ou alteridade –, efetivação real.

A *Antropologia* hegeliana revela este caminho de comunhão do homem consigo próprio. Um percurso intelectual que começa, como

---

[206] Young, W., *Hegel's dialectical method, it´s origins and religious significance*, Craig Press, E.U.A., 1972, p. 14.

[207] Ibidem, p. 9.

[208] Ibidem.

[209] Mills, J., *The unconscious abyss, Hegel's antecipation of Psychoanalysis*, 2002, p. 25: "The very movement of though hinges on a negative dialectic – something can only be known inrelation to what it is not".

estudámos, no momento da reflexão, na intimidade da faculdade dialética, a capacidade para negar. Vejamos o que significa: negando, o espírito dialético "acumula força" para trabalhar concebendo-se. O homem progride à medida que, estruturando a sua vida mental, vai rejeitando as conformações desadequadas à *verdade do espírito, à sua essência*[210], ou seja, à liberdade; a "capacidade para se abstrair de qualquer determinação está no coração da liberdade do espírito"[211]; isto, que dá eficiência à razão, é a força da reflexão absoluta.

Este gesto ontológico é determinante na evolução individual para os estágios superiores do espírito. Uma característica que distingue a evolução psíquica de uma transformação mecânica está no facto de que na harmonia do *todo psíquico*, "os estágios e as determinações particulares do desenvolvimento do Conceito não ficam para trás"[212] rejeitados como sucede, por exemplo, numa reação química. No espírito, os estágios mais elevados mantêm as camadas arqueológicas mais baixas que por sua vez já contêm a universalidade implícita, a liberdade. Munidos desta dinâmica evolutiva, da certeza de que o espírito é vida, já podemos rejeitar os modelos mecanicistas que reduzem a consciência humana a "conceções finitas do espírito"[213], paradigmas naturalistas que discutem o espírito na forma das equações

---

[210] Lewis, T. A., *Habit, reflection and freedom: from Anthropology to ethics in Hegel*, U. M. I. dissertation services, Dissertação de Doutoramento, Universidade de Stanford, E.U.A., 1999, pp. 34-35.

[211] Ibidem: "This ability to abstract from any particular determinacy lies at the heart of spirit's freedom".

[212] Hegel, *Enzyklopädie*, 2012, § 380: "(…) die besonderen Stufen und Bestimmungen derEntwicklung seines Begriffs nicht zugleich als besondere Existenzen zuruck (…)".

[213] Ibidem, § 379-Z: "(…) endlichen Auffassungen des Geistes (…)".

causa e efeito[214]. Podemos reafirmar a nossa tese fundamental, que o espírito *não é um produto natural*[215], mas "auto-revelação necessária"[216].

O primeiro trabalho dialético da razão é como o revela a Antropologia hegeliana a constituição da consciência imediata.

A consciência é o cerne da vida psíquica e revela a força da infinitude da razão e da capacidade dialética produtora perante a finitude do corpo. O trabalho da compreensão racional põe, então, em interação simbiótica, o espírito e a vastidão da natureza impulsiva. Por esta razão afirmamos que *o homem é uma expressão artística do trabalho da psique*[217], da alma.

O *Ser*, pela dialética, realiza-se *sem que sobre si atue alguma tese imposta do exterior*[218]. Ela é a *dinâmica fluida que reúne, num todo vivo, trans-figurado e verdadeiro*[219], as várias determinações que estruturam o ser do *espírito*; ela é o ânimo do *conceito* (*Begriff*), que é a personalidade e o gérmen do espírito.

Sendo a dialética, o trabalhar compreensivo e a fonte de energia da razão, é ela que concebe todos os momentos reais da subjetividade[220] e efetiva o *conceito*: ela é "o princípio motor do espírito"[221].

---

[214] Ibidem: "(...) von Ursache und Wirkung – den sogennanten natürlichen Gang der Dinge (...)". Hegel refere-se, por exemplo, ao tema do magnetismo animal como uma prova de que o espírito é algo mais do que relações de causalidade mecanicista.

[215] Ibidem, § 381-Z (NR): "(...) der Geist nicht ein Produkt (...)".

[216] Ibidem, § 378-Z: "(...) notwendingen Sichoffenbarens (...)".

[217] Ibidem, § 411: "(...) die als das Kunstwerk der Seele menschlichen (...).

[218] Gadamer, H., *La dialectica de Hegel*, Ed. Catedra, Madrid, 1988, p. 12 e seguintes: "(...) Se trata de una progresión inmanente (...) seguir el automovimiento de los conceptos, y exponer, prescindindo por entero de toda transición designada desde afuera (...)".

[219] Ferreira, M., *Prefácios*, I.N.C.M., 1990, p. 74.

[220] Malabou, C., *L'avenir de Hegel: plasticité, temporalité, dialectique*, Librairie Philosophique J. Vrin, Paris, 1996, p. 36. Apesar da autora se referir a 3 momentos, considero que eles são, na verdade, infinitos: são todas as determinações que vão constituindo o caminho da auto-conceção do espírito.

[221] Hegel, G. W. F., *Grundlinien der Philosophie des Rechts*, Hamburg, 1995, § 31. Ver ainda, em Hyppolite, J., *Genèse et structure de la Phénomènologie de l'esprit de Hegel*, 1946, p. 143: "Le concept est la toute puissance qui n'est cette puissance qu'en se manifestant et en s'affirmant dans son Autre; il est l'Universel qui apparaît comme l'âme

O espírito, podemos afirmar, possui em si mesmo, tudo o que necessita para se realizar e atingir a sua verdade, que é ser livre. O *conceito* é o que realiza a essência, o que faz o homem *ser*. E este "fazer" é o trabalho da dialética: "tal como nos seres vivos de um modo geral, é gerado, não por poderes alheios, mas pelo gérmen no qual já está contido idealmente"[222], justamente o *conceito do espírito*.

Mas, a dialética hegeliana não é uma imposição metodológica conveniente para o filósofo que a escreve. É o modo de ser próprio do homem, o trabalhar concetivo e a energia materializada da razão a conceber-se (*begreifen*) a si mesma e a conhecer-se nessa realização livre.

Este modo de filosofar que, no fundo, é a explicitação do mais profundo da razão, que distingue o hegelianismo das outras filosofias que, não atingindo a verdadeira dimensão do *conceito*, são *incapazes* de "destacar a necessidade imanente, de reencontrar a génese e o processo do pensar como operações de vida"[223]. A filosofia de Hegel é, por isso, a *busca e integração de diferentes ou contrários num todo significativo não-excludente, evento antropológico, que tem a sua expressão máxima, precisamente, no amor e na vida*[224].

Hegel, mercê da compreensão e uso do dialético do espírito "ultrapassa as abstrações do entendimento e realiza, como razão, a

---

du Particulier et se determine complètement en lui comme la négation de la négation ou la Singularité authentique; ou encore il est l'amour qui suppose une dualité pour la dépasser sans cesse".

[222] Hegel, G. W. F., *Enzyklopädie*, 2012, § 379-Z: "Wie bei dem Lebendigen überhaupt auf ideele Weise alles schon im Keime enthalten ist und von diesem selbst, nicht von einer fremdem Macht hervorgebracht wird (...)".

[223] Ferreira, M., *Prefácios*, I.N.C.M., 1990, p. 73. Anotação de Manuel Ferreira relativamente à noção de Conceito.

[224] Ibidem, (IT) p. 15. Ver ainda, na Introdução de Michael Inwood à *Filosofia do Espírito* de Hegel, *Philosophy of mind*, Trad. de Wallace e Miller, revisão e introdução por M. Inwood, 2007, p. ix, a noção de que, no início da atividade intelectual de Hegel, não era o termo espírito que dominava, mas a ideia de Amor como forma de conciliação: "(...) spirit plays only a subordinate role in Hegel's thought. He invests more hope in 'love' as a means of overcoming the alienating oppositions (...)".

exigência de totalidade"[225]: "a consciência devém consciência total, isto é, saber absoluto que se manifesta como sistema da razão. O espírito finito encontra, assim, o seu 'lar' onde se torna infinito, livre e feliz"[226]. Superou as conceções do kantismo-fichteanismo precisamente porque estas não alcançaram a dimensão especulativa da filosofia, a comunhão do todo.

Neste sentido e analisando a profundidade do psiquismo, o termo *Aufhebung*, caro a Hegel e fundamental na sua dialética, significa, *não a aniquilação do outro*[227], mas reunião e integração deste no todo, na comunidade de sentido; esse outro, alteridade absoluta, o ser negado para ser integrado, perde imediatidade, mas ao invés, ganha universalidade, transforma-se na relação com o primeiro, liberta-se e infinitiza-se. Por conseguinte, o Eu surge como *o outro do outro*[228], aberto desde sempre à liberdade dele que, sendo universal, é sua também. O outro de si acaba por ser, na verdade, aquele que lhe consolida a liberdade.

Essa abertura ao outro expressa a necessidade de se superar para, desse modo, se conceber numa figuração superior. Lembro que a expressão "superior" aplicado à conformação psíquica significa "mais livre". Manuel C. Ferreira deixa-nos esta inspiração: "o homem é um indivíduo, mas só tem consciência de si, só sabe de si como vida quando nega, em si, a própria limitação"[229]. A dialética revela ser a seiva que medeia todas as transições e atualizações que permitem ao espírito realizar-se, quer dizer, adquirir corpo e realidade. Neste sentido, e na edificação da arquitetura psíquica, a *plasticidade* é o trabalho

---

[225] Bourgeois, B., *Encyclopédie des sciences philosophiques I*, 1979, p. 19.
[226] Ibidem.
[227] Houlgate, S., *The openings of Hegel's Logic*, 2006, p. 301.
[228] Malabou, C., *L'avenir de Hegel: plasticité, temporalité, dialectique*, Librairie Philosophique J. Vrin, Paris, 1996, pp. 50-51.
[229] Ferreira, M., *Hegel e a justificação da Filosofia*, I.N.C.M., Lisboa, 1992, p. 70.

de criação do *conceito* do espírito, que o acorda e eleva da latência na natureza *atualizando o seu devir*, trá-lo à luz e dá-lhe existência tangível.

3.1.5. A semântica da alma e do espírito

Para Hegel, os termos *alma* (*Seele*) e *espírito* (*Geist*) não têm o mesmo significado. Ao longo da vida de desenvolvimento e maturação, o homem vive diferentes formas psíquicas consoante o tipo de relação que vai experimentando: felicidade, dor, amizade, vazio, plenitude, frustração, etc. A Filosofia, de uma forma geral, procura captar e revelar o irredutível universal presente em cada figuração ontológica da experiência interna do indivíduo, que explica porque o homem é como é; a verdade daquele momento.

A alma é uma dessas figurações do espírito. A forma do espírito *arte*, como exemplo, é outra forma. O espírito é o todo. A palavra "Geist", cara a Hegel, que nós traduzimos por "espírito", tem um alcance mais elevado que o termo inglês "mind" que está restrito às "capacidades intelectuais e ao funcionamento biológico"[230]; *Geist*, além da racionalidade intelectual produtiva possui "um nível de elevada perceção e auto-consciência"[231], possui capacidade compreensiva relativamente a si próprio e aos outros que o rodeiam: "é o processo e o culminar da subjetividade pura, o vir a ser da auto-consciência"[232]. Esta é a chave da conceção de *espírito*. É, não apenas o existir real da integração das capacidades intelectuais e da maturidade pessoal de um indivíduo no

---

[230] Mills, J., *The unconscious abyss, Hegel's anticipation of Psychoanalysis*, 2002, p. 2: "(...) *mind* is much more reductionistic in scope and pertains more to intellectual capacities and biological functioning".

[231] Ibidem: "*Geist*, truly combines mind and spirit and always implies a high level of awareness or self-consciousness".

[232] Ibidem: "(...) the process and culmination of pure subjectivity, the coming into being of pure self-consciousness".

mundo que habita, mas também a "medida de respeito"[233] que resulta dessa superior formação pessoal. Podemos exemplificá-lo assim: Aristóteles e Hegel são *grandes espíritos* (*grosse Geister*).

As categorias filosóficas de Hegel conseguem revelar o universal humano por duas razões. Primeiro porque a abordagem à profundidade antropológica segue uma perspetiva simples, a da experimentação do mundo, e segundo porque a sua força conceptual é excecional. Estas qualidades devem-se ao extraordinário poder de penetração ontológico da sua linguagem. Consegue assim, Hegel, mostrar o *que há* e como se desenvolve o *"que há"* num relance sintético inigualável e com uma potência intelectual absolutamente invulgar.

O caráter surpreendente da sua descrição deve-se a que, apesar da densidade filosófica de cada parágrafo, Hegel consegue que o sentido fique de imediato à disposição do leitor.

A *alma* é uma revelação do filósofo: a primeira das conformações da biografia do espírito. Nela, isto é, sendo *alma*, o espírito inicia o conhecimento de si mesmo e concebe a primeira configuração ontológica, o acontecimento nuclear do *estádio psíquico*: o espírito adquire consciência de si e torna-se *humano*. A nuvem psíquica experimenta a perceção, logo, a certeza imediata, primeiro subconsciente, depois consciente, de si.

Se considerarmos que o espírito humano, ao longo da vida, chega a experimentar todas as possibilidades de si – claro que, para que isso aconteça, é preciso que o indivíduo em questão tenha a possibilidade real de ser livre –, passa por três grandes esferas ontológicas: a esfera da subjetividade, a da objetividade e a absoluta.

O espírito vive a subjetividade quando se experimenta a si mesmo imediatamente, sente-se presente aqui e agora; é a perceção de si, e com ela edifica consciência. Neste período, o mundo imediatamente experimentado, a realidade que o estimula e desperta a capacidade

---

[233] Ibidem: "(...) a mesure of respect (...)".

compreensiva, é ele próprio: "a atividade do espírito subjetivo é toda dirigida para a apreensão de si mesmo [...] como realidade imediata"[234]. A esfera subjetiva é composta por três fases[235]: a Antropologia, a Fenomenologia e a Psicologia. Dedicamo-nos aqui ao estudo da primeira porque nela nasce a consciência (*Bewußtsein*), funda-se a humanidade do homem (ανθρωποϚ), conformação que estará presente em todas as futuras figurações existenciais do espírito.

Durante este trecho, o espírito, vivendo a sua natureza corpórea, é espírito-natural ou *alma*, forma psíquica emergente da união entre a infinitude espiritual e a corporalidade, como um todo espírito corporalizado ou corpo espiritualizado. Durante esta fase biográfica, o espírito é inconsciente e só potencialmente é livre.

Lembro que a *alma*, para Hegel, não é o princípio animador do corpo que encontramos em Aristóteles. O seu significado não corresponde ao termo grego *Psyche*, que designa a *unificação das faculdades do desejo, da moralidade e da razão*[236], nem ao objeto da Psicologia[237], a racionalidade da consciência, antes é a nuvem psíquica humana, isto é, os processos e a apercepção de si por parte do sujeito durante o estádio da sub-consciência.

Esta correlação e interpenetração real, das pulsões corporais e da racionalidade infinita, resolve o problema clássico da dicotomia cartesiana que dividiu o homem em corpo e alma. Com Hegel, apenas didaticamente surgem separadas: "não há nenhuma linha rígida

---

[234] Hegel, G. W. F., *Enzyklopädie*, 2012, § 385-Z: "Die ganze Tätigkeit des subjektiven Geistes geht aber darauf aus, sich als sich selbst zu erfassen, sich als Idealität seiner unmittelbaren Realität zu erweisen".

[235] Ibidem, § 387. O espírito subjetivo divide-se em (1)espírito implícito ou imediato (em-si, *an sich*), alma ou espírito-natural – estudado na Antropologia (§§ 388-412) –, (2)espírito *para-si* (*für sich*) ou, na sua particularização, consciência – estudado na Fenomenologia (§§ 413-439) –, e (3)espírito determinado em-si-para-si (sujeito para si), objeto de estudo da Psicologia (§§ 440-482).

[236] Mills, J., *The unconscious abyss, Hegel's antecipation of Psychoanalysis*, 2002, pp. 125-126.

[237] Petry, M. J., *Hegel's Philosophy of Subjective Spirit*, 1978, Introductions, p. 431 (NE).

que divide a vida animal da psíquica, isolando matéria de alma ou corpo de mente"[238]: "sendo vivo, tenho corpo orgânico que não me é estrangeiro, pertence à minha *ideia*, é o ser determinado imediato e exteriorizado do meu *conceito* e constitui a singularidade da minha vida natural"[239].

Neste estádio, o psíquico, o espírito percebe que vive (n)um corpo que é o outro de si mesmo; o homem nasce, revela-se ao mundo e a si próprio agindo de determinada maneira, a sua. Eis a subjetividade. A conexão com o "seu" corpo é uma relação sub-desenvolvida da qual quer "sair", ou antes, *resolver*; como? Integrando-o. Este gesto é uma ação livre e o resultado é uma conformação mais adequada à sua verdade: existir *sendo livre*. Neste caso, sendo consciência de si. O epicentro da *loucura* está justamente aqui, na luta que a alma trava para emergir do *abismo*[240] – o inconsciente natural das sensações e dos sentimentos, o poço do *Eu* – como um todo "individual determinado"[241]: o *logos* infinito apercebe-se da sua condição corpórea, a qual quer dominar; o homem experimenta a conturbação existencial ilustrada na personagem mitológica, a bela princesa *Psique*, dividida entre o Amor eterno e a existência humana[242].

---

[238] Ibidem, (I) p.lii: "On his analisys there is therefore no hard and fast line dividing animal life and psychic life, let alone matter and soul or body and mind, and the sort of either-or dichotomy perpetrated by the Cartesians (...)".

[239] Hegel, G. W. F., *Enzyklopädie*, 2012, § 410-Z: "als lebendig habe ich einen Körper, und dieser ist mir nicht ein Fremdes; er gehört vielmehr zu meiner *Idee*, ist das unmittelbare, äußerliche Dasein meines Begriffs, macht mein einzelnes Naturleben aus".

[240] Mills, J., *The unconscious abyss, Hegel's antecipation of Psychoanalysis*, 2002, pp. XIII-XIV. Hegel refere-se ao *Inconsciente* algumas vezes como "Abgrund" – abismo impenetrável com sentido de sub-fundamento imaterial ou força –, outras vezes como "Schacht" – poço ou mina indeterminada e impenetrável – claramente antecipando o *Id* freudiano – com significado material, onde o Ego preserva conteúdos como sensações, pensamentos, sentimentos ou presentações.

[241] Hegel, G. W. F., *Enzyklopädie*, 2012, § 413-Z: "Ich als das individuel bestimmte (...)".

[242] Grimal, P., *Dicionário da mitologia grega e romana*, Ed. Difel, Lisboa, 1999, pp. 399--400.

Edificando consciência, isto é, criando uma configuração psicológica onde se sente e sabe *Eu* autónomo, projectar-se-á no mundo como fenómeno, e desta experiência tornar-se-á inteligente. A biografia do espírito segue um caminho elítico de ascenção até ao máximo de liberdade; o espírito viverá depois a sua fase objetiva que consta em criar à sua volta um mundo: uma família numa comunidade livre; no entanto só será totalmente livre na esfera absoluta, na arte, na religião ou na filosofia.

Colocando a Filosofia no final da biografia absoluta do espírito, como a conformação espiritual que promove a compreensão do Todo, Hegel realiza o elogio absoluto a esta ciência, na forma própria, a sua, filosoficamente. Conhecer o espírito requer entender que a configuração absoluta, a compreensão de si realizado e livre já está inscrito como possibilidade real desde o início, o que convoca a atenção por parte do leitor para o facto do espírito ser, na verdade, ação de produzir liberdade. Fenómeno que começa na Antropologia. Por isto, a filosofia de Hegel não é estática nem está num meta-nível: não há meta-ação, só ação. E nela, consciencialização.

3.2. A Ciência do Espírito Subjetivo

3.2.1. O acordar do espírito para si

O acordar do espírito é o nascimento da vida mental para si, para a finitude. Porque é o espírito, subjetivo? Justamente porque o seu mundo é o seu corpo, a sua presença, e os fenómenos que marcam agora a sua vida psíquica são os da vida imediata, a relação consigo mesmo. A *Antropologia*, sendo a primeira etapa de todas da biografia do Espírito, é a base de tudo. Nela, o homem constrói o presente eterno realizando o futuro. Tem como desejo imediato, agir; agindo, conhece-se.

O corpo biológico, o universal sem subjetividade, sem personalidade, é a substância indeterminada. É uma totalidade sem qualidades manifestas, o corpo potencialmente espiritual, "em bruto". O espírito humano acorda imiscuído nele e, nele, sente-se; viver-se-á agora como espírito-natural: irrompeu "algo interno e interior"[243], a *Ideia Eterna* – que traduzo por "potencial eterno para ser" – ainda por realizar e pertencente a um corpo; o espírito infinito vai querer libertar-se do jugo das pulsões carnais; nasceu a *alma*, a vida psíquica, a subjetividade, que é o modo de ser particular, não apenas um modo de agir mas também de receber o mundo. É o que a fenomenologia francesa reclamará: que a relação corporal com o mundo dá os princípios do agir. Hegel previra-o de modo mais completo: os princípios da ação humana são mediados pela capacidade dialética racional-compreensiva do espírito que interpreta e integra o mundo vivido na hierarquia da vida intelectual.

Este acontecimento psíquico, o acordar do espírito em e para a própria natureza intempestiva – aqui previsto por Hegel antes de Schopenhauer e Nietzsche na forma do conflito máximo que o homem pode experimentar, a *loucura* – é o suporte ontológico da consciência *a partir de cujo embrião, subjetivo, o homem se concebe, estrutura e projecta no mundo*[244]; é a semente das instituições, da cultura, das sociedades, enfim, da produção histórica do individual humano que, no absoluto, chega a ter consciência de si nessas realizações; estas, que são a efetivação real da universalidade humana, a liberdade.

Não sabendo ainda "quem é", ou seja, desconhecendo *aquilo em que se vai* (deseja) *transformar*, o *ser implícito*[245], o espírito, ao longo deste

---

[243] Malabou, C., *L'avenir de Hegel: plasticité, temporalité, dialectique*, Librairie Philosophique J. Vrin, Paris, 1996, p. 52: "(…) une individualité (…) intérieure (…)".

[244] Lewis, T. A., *Habit, reflection and freedom: from Anthropology to ethics in Hegel*, 1999, p. 18.

[245] Ibidem, § 383-Z: "(…) 'die Manifestation' als die Bestimmtheit des Geistes (…) eine Entwicklung (…) wird die logische Idee oder der an sinch seiende Geist (…)".

processo de ativa produção de si, portanto, gerador de subjetividade, *vai-se conhecendo*[246]: percebe que se manifestou reconhecendo-se nessa manifestação; assim, consolida subjetividade que, por sua vez, se torna auto-referência ontológica, ou seja, memória. O tumulto psíquico, que corresponde à conquista do espaço e do tempo ontológico da racionalidade, pacifica-se numa espécie de *catarsis* quando, finalmente, *a alma se reduz a si toda, espírito na natureza, sujeito-corporal embrionário, a um signo*[247] (uma representação do *indivíduo todo*). Este é a memória de si; nela, o espírito reconhece-se total e imediatamente. Isto é a consciência (*Bewußtsein*), o momento da fundação antropológica por excelência, aquele onde o espírito afirma a primazia relativamente à materialidade corporal, que integrou, mas da qual não pode escapar porque lhe dá existência, mundo. A consciência é, assim, a primeira conformação ontológica da Filosofia do Espírito, a célula da civilização.

3.2.2. A metafísica da germinação do espírito: o *conceito* do espírito

A *alma da Filosofia*, vinquemo-lo já, tem dois elementos principais, "a liberdade e o conceito"[248]. A chave do espírito está aqui: na eterna capacidade para se produzir a si mesmo a partir do seu gérmen metafísico (o *conceito*) implícito na natureza.

Filosofar sobre o espírito, conhecer a sua natureza, significa captar o exatamente o (1)conceito do espírito, o *gérmen*, o agente potencial do espírito e a (2)ação (*germin*-ação) mesma da criação de si; assim, como o *conceito* é "o sujeito e o objeto da Ideia", pode dizer-se, é o

---

[246] Ibidem, § 385-Z: "Daß der Geist dazu kommt, zu wissen, war er ist, dies macht seine Realisation aus".

[247] Ibidem: "Diesem kampfe folgt der sieg der Seele über ihre Leiblichkeit, die Herabsetzung und das Herabgesetztsein dieser Leiblichkeit zu einem Zeichen, zur Darstellung der Seele".

[248] Ibidem, § 384.

sujeito e o objeto do espírito concreto, precisamente, aquilo que ele, espírito, quer conceber: a si próprio. A Ideia é o espírito agora manifestado, *real*-izado.

Porque a filosofia hegeliana "não tolera dualismos irreconciliáveis"[249], o trabalho dialético do espírito, nesta fase psíquica, a fase antropológica, foi a *in-corporação da própria exterioridade natural na sua estrutura interna*[250], no fundo, a integração do mundo; nisto, edifica um ser uno global, um *conjunto (antropológico) de recíproca intimidade* representado como consciência (*Bewußtsein*), "a primeira e a mais simples determinação"[251] que contém em si, a universalidade.

Em termos lógico-metafísicos, neste primeiro período, o espírito é a *universalidade*[252] imediata, não realizada, *Ideia lógica*[253] perdida no corpo, *sem identidade* e no modo da inconsciência. Em termos antropológicos, neste acordar psíquico o espírito é *em-si*[254] e corresponde à alma natural. Nesta fase, o espírito é vida potencialmente infinita que "reside" no corpo: a simples e indeterminada pulsação vital dos seres vivos, *o νoυS passivo de Aristóteles*[255] ou, o *Conceito* na sua universalidade de Hegel.

---

[249] Russon, J., *The self and its body in Hegel's Phenomenology of Spirit*, U. T. P., Toronto, Canadá, 1997, p. 30: "Hegel's philosophy in general will not tolerate any unreconciled dualism (...)".

[250] Mills, J., *The unconscious abyss, Hegel's antecipation of Psychoanalysis*, 2002, p. 65: "Spirit ultimately overreaches nature while incorporating it into its internal structure as self-directed activity".

[251] Hegel, G. W. F., *Enzyklopädie*, 2012, § 381-Z: "(...) die erste und einfachste Bestimmung desselben die, daß er Ich ist".

[252] Ibidem, § 383: "Diese Allgemeinheit ist auch sein Dasein".

[253] Ibidem, § 383-Z.

[254] *Em-si, para-si* e *em-si-para-si*, são os modos da realidade do espírito. O primeiro é o modo abstrato, a potencialidade do espírito, que depois de pôr (afastar-se refletindo sobre) o seu outro – a sua exterioridade –, regressa a si incorporando-o, isto é, atualiza-se *em-si-para-si*, enche-se de conteúdo, torna-se um singular, preencheu-se "com" outro, devém facto real, concebeu-se.

[255] Ibidem, § 389: "(...) der Schlaf des Geistes; - der passive νoυS des Aristoteles (...)".

A "Revelação" (*Das Offenbaren*) é exatamente "o vir a si mesmo do espírito"[256], o despertar do *ser* do *conceito*, no fundo, a manifestação da *verdade da liberdade*[257]. O conceito é, assim, a essência em atividade para si mesma a criar-se, a construir as próprias determinações ou qualidades, ou seja subjetividade[258]: substância sujeito.

Resumindo, o "conceber-se" é a *atividade própria do espírito*[259]. No dizer de J. Burbidge, "conceber é a atividade intelectual onde a vida auto-consciente (na linguagem de Hegel, o 'espírito') faz uma integração da própria dinâmica auto-constitutiva"[260], sendo que, a dinâmica dialética recíproca presente em todo o sistema é a seiva que medeia entre si os vários momentos da racionalização da realidade que constituem a substância, isto é, a vida do espírito.

Conceber é, portanto, criar uma comunhão, uma "interação recíproca"[261]. E, o elemento metafísico que faz acontecer o processo da comunhão e gera as determinações do espírito (a subjetividade) é o *conceito*[262], fenómeno que faz da atualização da subjetividade um instante metafísico, lógico, epistemológico, ético e ontológico. Numa palavra: filosófico. Notemos que o acontecer da subjetividade não é mecânico como se fosse uma reação química. É um acontecimento espiritual: "o espírito é o conceito actualizado"[263].

---

[256] Ibidem, § 381-Z: "(...) ein Zusichselberkommen des in der Natur außer sich seienden Geistes ist".

[257] Ibidem, § 384: "Das Offenbaren im Begriff ist Ershaften derselben als seines Seins, in welchem er die *Affirmation* und Warheit seiner Freiheit sich gibt".

[258] Ferrer, D., *Lógica e realidade em Hegel, a ciência da Lógica e o problema da fundamentação do Sistema*, 2006, p. 292.

[259] Hegel, G. W. F., *Enzyklopädie*, 2012, § 377-Z (NR): "er ist dies erste Sein im Begriff, wodurch der Geist nicht erschöpft ist; er ist als Geist nur als Resultat seiner selbst".

[260] Burbidge, J., *The Logic of Hegel's Logic*, 2006, p. 82.

[261] Ibidem: "Conceiving (...) For each act of integrating a thought into a concept is made determinate by the content integrated".

[262] Hegel, G. W. F., *Enzyklopädie*, 2012, § 381-Z. Podemos dizer que o *ser em si e para si* mesmo, é o culminar ontológico conceitivo, a in-corporação do seu outro, a compreensão, é *ser* o outro.

[263] Ibidem, § 382: "Der Geist ist (...) verwirklichte Begriff".

Ao conhecer esta dinâmica metafísica e ontológica fica exposto o cerne da tese aqui defendida: que a convulsão interna que o espírito experimenta, a *loucura*, é uma fase resultante da dinâmica da vida mental, do bloqueio do fluxo dialético autoprodutivo que conduz o homem à comunhão consigo mesmo e *com o seu outro*. O espírito, assim privado do prazer[264] e da sustentação ontológica, de memória e da conquista da temporalidade, vive a *loucura*. O conceito possui importância psicanalítica na medida em que se revela como personalidade individual. Ele é a avidez do espírito e está para a alma como esta está para a consciência, ele é *a alma da alma*. Como o nota Bourgeois, *o movimento de auto-diferenciação da identidade do ser é o conceito a auto--produzir-se livre e necessariamente*[265]. Assim sendo, o *conceito*, ânimo metafísico e antropológico fundamental, *reúne os particulares e universaliza os diferentes*[266] agindo sobre si mesmo. A ação do *conceito* "não é

---

[264] Ibidem, § 382: "(...) er kann die Negation seiner individuellen Unmittelbar, den unendlichen Schmerz ertragen, d. i. in dieser Negativität afirmativ sich erhnalten undidentisch für sich sein". A relação que estabelecemos relativamente a este "suportar da dôr infinita" para manter a identidade e o prazer do retorno a si mesmo, pode ser visitada na conexão entre verdade e liberdade, na teologia cristã – "Die Warheit macht den Geist, wie schon Christus gesagt hat, frei; die Freiheit macht ihn wahr" (§ 382-Z). Ver ainda como referência ao prazer, o texto de Bourgeois, *Encyclopédie des sciences philosophiques I*, 1979, p. 18, ou ainda, na passagem de "O Filebo" de Platão (citado em Petry, M. J., *Hegel's Philosophy of Subjective Spirit, Introductions*, p. 151) onde, à dor que os seres suportam quando estão separados de si próprios, se segue o retorno prazível à sua naturalidade que, com Hegel, ganha profundidade filosófica, justamente, na ideia de que "o espírito é o Conceito efetivado" (ou atualizado) – a palavra usada por Hegel é "verwiklichte", proveniente do verbo realizar, concretizar, efetivar; trata-se da realização concreta (não abstrata) do *conceito* que *se toma a si próprio como objeto a realizar*, fenómeno que remete para uma metaposição ontológica do espírito que "se vê" a realizar-se; esse "ver-se" é, na verdade, uma realização dialética, um *momento plástico* de efectuação da subjectividade, uma superação (*Aufhebung*: superação conservadora) ontológica –, "(...) Der Geist ist der für sich seiende, sich selbst zum Gegenstand habende verwirklichte Begriff" (§ 382-Z). Dizendo-o de outra forma, o espírito, perante a alteridade (*para-si*), sofre para manter a própria identidade e, espontaneamente, gera prazer no momento em que regressando a si, integra a alteridade e realiza desse modo a união dos dois num todo concreto que efetiva a "verdade e a liberdade do espírito" (*seine Wahrheit und seine Freiheit*).

[265] Bourgeois, B., *Encyclopédie des sciences philosophiques I*, (P) 1979, p. 36.

[266] Ibidem.

um processo formal, mas a alma do conteúdo"[267]. E, a realização de si constitui simultâneamente a salvação e a resolução do sofrimento.

3.2.3. Liberdade e existir

Como o *ser* do espírito é o "fazer" o *si próprio* implícito, a *Ideia* implícita, a concretização de si próprio é a manifestação dessa essência implícita, a liberdade, a necessidade íntima para existir; esta ação faz da liberdade, o núcleo ontológico da subjetividade, o substrato antropológico, e a verdadeira força do homem.

O caráter concreto do espírito mostra-se finalmente: ele não "é" uma essência pura, mas sim o cumprir real da interioridade humana que se vive apreendendo-se a si mesmo nesse viver. No existir. O espírito efetiva e cumpre, assim, um triplo propósito: realiza-se, conhece-se realizado e reconhece ser livre para continuamente se realizar: a efetivação do espírito acontece precisamente "quando o seu Conceito se actualizou a si próprio completamente, isto é, quando o espírito atingiu a completa consciência do seu Conceito"[268].

Como a essência do espírito é autoconceber-se, a ontologia do "seu" conceito[269] – a compreensão da lógica e da força do existir – coloca-nos

---

[267] Ibidem, p. 40: "Cet auto-mouvement qu'est le concept (...) est l'âme même du contenu".

[268] Ibidem, § 379-Z: "auch seine Entwicklung hat ihr Ziel erreicht, wenn der Begriff desselben sich volkommen verwirklicht hat oder, was desselbe ist, wenn der Geist zum volkommenen Bewußtsein sein Begriffs gelangt ist".

[269] Ibidem, § 381-Z (NR): " (...) die Philosophie des Geistes (...) Wir fangen an auf unberechtigste Weise, mit dem Begriff des Geistes". Ver ainda Hegel, G. W. F., *Enciclopédia das ciências filosóficas em epítome*, vol. 1, 1988, § 160, p. 181: "O conceito é o que é livre, é o poder substancial que é para si, e é totalidade, porque cada um dos momentos é o todo e é posto com ele como unidade inseparável; o conceito é, pois, na sua identidade consigo, o determinado em si e para si". No § 161 diz: "O processo do conceito já não é o passar para ou, o aparecer no outro, mas o evolver, pois o diferente põe-se de imediato ao mesmo tempo como idêntico entre si e com o todo, e a determinidade é posta como um livre ser do conceito total". A palavra "seu" aparece entre aspas porque o *conceito* não é uma espécie de software ou mecanismo produtor: o

na textura mesmo da natureza dessa essência, ou universalidade, a liberdade. O que pretendemos conhecer é que o principal da natureza do *conceito* é justamente o auto-engendramento dialético de si próprio. Importa lembrar que esta faculdade *sui generis* não provém da *natureza natural*, do biológico, mas do infinito-espiritual, "o absoluto primeiro". Ao invés do que verificamos para o corpo fisiológico, no qual o estado das coisas é um resultado mecânico, "o espírito, *em e para si* [a figuração final do processo auto-concetivo], não é um resultado natural, mas em verdade, o resultado de si mesmo"[270]. Este é o enunciado nuclear para a defesa de fundo: a rejeição do modelo da causalidade determinista e naturalista da vida psíquica adotado pela psiquiatria.

O "conceber" a que nos referimos atinge várias esferas ontológicas, não apenas a criação da consciência, mas a própria atividade de pensar, isto é, o ato de mediar intelectual e dialeticamente o que vivemos e sentimos ou sobre o qual pensamos.

Assim, ontologia da compreensão racional, em verdade, não pode ser separada da profundidade antropológica da estruturação psíquica, isto é, da experiência da germinação da consciência, local donde eclode, ensina Hegel, a *ética e a moral*[271].

A filosofia hegeliana esclarece esta região intelectual, especificamente o ato de pensar, que é absolutamente determinante para perceber como se realiza o espírito e se estrutura a vida psíquica, ou então, como acontece desordem mental.

Hegel mostrou-se preciso relativamente ao ato "reflexão". O *Eu*, quando executa o ato mais difícil relativamente a si próprio que é

---

conceito é a personalidade essencial do espírito, o seu gérmen, no fundo, é ele próprio em potência, portanto, dotado de subjetividade, força para agir, liberdade.

[270] Ibidem, § 381-Z: "(...) Geist ist nicht das bloße Resultat der Natur, sondern in Wahrheit sein sigenes Resultat".

[271] Ibidem, § 408-Z: "Ebenso, aber wie von der mir gegenüberstehenden Objektivität muß ich, um mich verständig zu benehmen, eine richtige Vorstellung von mir selber haben (...)".

justamente distanciar-se da própria natureza intempestiva, portanto, reflete sobre si, diz-se didaticamente que "se opõe"; nesse momento do pensamento descobre que é vazio; unir-se-à agora ao seu outro, ao mundo, ao diferente de si, à alteridade que o preenche.

A metafísica da liberdade surge nestas considerações filosóficas como sub-estrutura da função da subjetividade e também, por conseguinte, como elemento central na ontologia da *loucura*: quando o espírito se acha em contradição (*Widerspruch*) consigo, com a própria natureza pulsional ou inclusive com algum princípio de ação, e não consegue alcançar o equilíbrio e a consubstanciação de si mesmo, a liberdade bloqueia, o que faz fracassar a efetivação da verdade. Este bloqueio racional-dialético provoca conflito intra-psíquico, ou seja, *loucura*. Nela, desordem e sofrimento.

3.2.4. A subjetividade do espírito

A *atividade* íntima do homem, o movimento interior da mistura antropológica do corpo ao espírito é, como vimos na dialética metafísica mais acima, o *vir a ser para si mesmo*[272] do espírito, o sujeito da sua essência, isto é, *agente da liberdade*[273]. Eis o *berço da consciência*[274].

---

[272] Ibidem: "(...) zu sich selbst, zum Erfassen seiner Begriffs, seiner Subjecktivität gelangt".

[273] Ibidem, § 382-Z: "Die Substanz des Geistes ist die Freiheit (...)". De sublinhar que a Liberdade é um dos conceitos mais usados por Hegel e um dos pilares – talvez mesmo "O" pilar principal – do seu sistema, pois, desprovido dela, o Espírito não se desenvolve, não vem a ser. A sua falta ou bloqueio é, como veremos, fundamental na instalação da *loucura*.

[274] Ibidem, § 387: "In der Seele erwacht das Bewußtsein". De relembrar que, quando apenas é o seu *conceito*, ainda não é espírito (é espírito implícito, potência). A ideia de que o corpo faz parte da consciência humana, típico da contemporaneidade filosófica, bem como a noção de *epoché* (a suspensão da corporalidade), existe já, numa forma filosófica, profunda, desenvolvida e maturada, na *Enciclopédia* de Hegel, ao longo de toda a Filosofia do Espírito Subjetivo.

A leitura da Antropologia prova irrefutavelmente que Hegel, afinal, deu uma relevância fundamental às pulsões e aos instintos, à presença carnal no mundo e ao inconsciente, ao irracional e à verdade do "erro". A noção de atividade do espírito como o *ser* do humano é o que está no cerne da desordem mental. Esta, afinal, resulta do bloqueio dessa atividade. É por intermédio da atividade e da capacidade racional que "o espírito ganha ser, conhecendo"[275]. É um movimento dialético que faz da *Ideia* uma conceção contínua: o espírito faz-se um *quem* conhecendo-se, e conhece-se fazendo-se. E, faz-se, acrescentemos, abraçando compreensiva, ontologicamente, a sua exterioridade corporal sem a qual "o espírito não é pensável"[276]. Esta ação superadora purifica o espírito pois ao compreender *desperta para a infinitude de si*[277], a liberdade de continuamente se fazer: o sujeito ganha força subjetiva que lhe permite continuar a viver evoluindo, realizando-se. Só. Está melhor no mundo e encaminhado para a felicidade.

Notemos que, apesar de estudarmos o espírito como se estivesse isolado, a verdade é que, como só se manifesta plenamente nos humanos, estes, em verdade, "não podem ser analisados fora de um contexto social"[278]; logo, nunca se pode concluir de Hegel a existência de um homem transcendente ao mundo. O homem, como adiantei, já é sempre ser mundano. Senão, como poderia sentir?

A relação com o mundo é inalienável deste processo. O espírito "pressupõe a natureza e incorpora-a na sua vida: tanto o corpo que lhe proporciona o nascimento como o meio ambiente no interior do

---

[275] Ibidem: "Der Geist, in seiner Idealität sich entwicklend, ist der Geist als erkennend".

[276] Ferrer, "Hegel e as patologias da ideia", in *Revista Filosófica de Coimbra*, 27, F.L.U.C., Coimbra, 2005, p. 139: "Tratamos do espírito, na sua relação com a natureza (..) em processo de auto-diferenciação e constituição, entre natureza e espírito (...) o longo caminho da sua apreensão e informação de si na existência natural e corpórea, sem a qual o espírito não é pensável".

[277] Hegel, G. W. F., *Enzyklopädie*, 2012, § 386.

[278] Lewis, T. A., *Habit, reflection and freedom: from Anthropology to ethics in Hegel*, 1999, p. 54: "(...) individuals cannot be analyzed in abstraction from a social context (...)".

qual funciona"²⁷⁹. O homem, na sua intimidade psíquica, por meio dessa infinita capacidade dialética compreensiva, "captura a esfera de interação humana como um todo"²⁸⁰. Compreende o mundo todo integrando-se.

O núcleo ontológico da subjetividade está, portanto, no agir, que funda o sujeito na realidade imediata vivida. A alma (*Die Seele*) é o embrião da vida mental, o gérmen do humano, isto é, o princípio da "fundação da humanidade"²⁸¹, o locus ontológico *das primeiras determinações do espírito*²⁸², que são as qualidades originárias ou "influências"²⁸³ que permanecem. As mesmas que, apesar de quase imperceptíveis, podem manifestar-se com intensidade mais tarde "nos estados mórbidos da insanidade"²⁸⁴.

A importância de estudar as transições dialéticas "dentro" do estádio antropológico é fundamental na medida em que habilitam o leitor de Hegel e o investigador dos fenómenos mentais a penetrar e captar o transfundo e a dinâmica estruturante da hierarquia ontológica; o movimento dialético revela o âmago dos acontecimentos psíquicos, especialmente como pode aparecer oposição dentro da nuvem mental "entre" a racionalidade e o corpo das pulsões; do mesmo modo revela como esta oposição, evolui para uma contradição (*Widerspruch*) ativa no seio da própria razão: a *loucura*. Quando a dialética compreensiva não consegue resolver aquela contradição e não cria uma estrutura ontológica, uma arquitetónica psíquica una, o espírito não alcança

---

²⁷⁹ Burbidge, J., *The Logic of Hegel's Logic*, 2006, p. 129.
²⁸⁰ Ibidem: " 'Spirit' captures this sphere of human interaction as a whole (...)".
²⁸¹ Ibidem, § 387-Z: "Grundlage des Menschen".
²⁸² Ibidem, § 387-Z.
²⁸³ Malabou, C., *L'avenir de Hegel: plasticité, temporalité, dialectique*, Librairie Philosophique J. Vrin, Paris, 1996, pp. 48-49.
²⁸⁴ Hegel, G. W. F., *Enzyklopädie*, 2012, § 392: "(...) entsprechen nur schwächere Stimmungen, die in Krankheitszuständen, wozu auch Verrücktheit gehört, in der Depression des selbstbewußten Lebens sich vornehmlich nur hervortun können".

a dinâmica e a substância na qual "a subjetividade se forma"[285], consequentemente, não cria memória de si; concluindo: não se (re)conhecendo[286], o sujeito fica *louco* (*verrückt*).

3.2.5. O caminho para a consciência

A *Antropologia*, rematemos, é o filme da formação da consciência humana e esta consiste na formação do auto-conhecimento e na produção de uma representação de cada um de nós próprios. Esta formação intelectual começa no momento em que cada indivíduo desperta mergulhado nos instintos até que se reconhece a si mesmo no que fez e faz no mundo.

Observemos que o ontológico e o psicológico não se equivalem; o primeiro é mais profundo na medida em que possui elementos não hierarquizados na arquitetura psíquica aos quais o sujeito pode não ter acesso imediato.

A força para avançar provém da capacidade para se auto-questionar, da força para se distanciar do objeto sobre o qual reflete, isto é, "nega". O objeto, neste caso, é ele próprio, especificamente a sua natureza, que, logo após o momento da negação, é integrada na hierarquia psíquica. Eis o cerne mesmo da dialética criadora: "a essência formal do espírito é, portanto, a liberdade, a absoluta negatividade do Conceito como auto-identidade"[287]. Esta "absoluta negatividade" é a força máxima reflexiva da psique humana, a possibilidade intelectual de se abstrair

---

[285] Malabou, C., *L'avenir de Hegel: plasticité, temporalité, dialectique*, Librairie Philosophique J. Vrin, Paris, 1996, p. 36: "(...) des lieux où la subjectivité se constitue (...)".

[286] Não se conhecendo, não cria memória para se re-conhecer, por conseguinte, não possui a função da subjetividade, que é a estrutura ontológica que serve de base, de memória prazível da atualização de si, o conforto do *Eu* (naquele momento) estabilizado. Sem memória de si, cada um experimenta a *loucura*.

[287] Hegel, G. W. F., *Enzyklopädie*, 2012, § 382: "Das Wesen des Geistes ist deswegen formell die Freiheit, die absolute Negativität des Begriffes als Identität mit sich".

para chegar à verdade. É a ação antropológica por excelência, o início do pensar.

A *Antropologia* descreve este caminho crítico, tenso e conflituoso da transição do *inconsciente para o conhecimento*[288], da libertação da condição de subjugação aos impulsos naturais. E, o desenrolamento psíquico dessa ação vai desde a "alma ou espírito natural"[289] até ao saber imediato sobre si. Enquanto que o animal age de acordo com o que a sensação lhe dá, o homem, porque possui algo específico, a *capacidade reflexiva, ascende a uma esfera superior*[290] que, no entanto, preserva as camadas ontológicas naturais como memória, inconscientes.

Ao longo deste desenvolvimento produtor de si mesmo, a nuvem psíquica congrega o espaço e o tempo filosófico. Neste trecho, Hegel dá corpo à metafísica e mostra porque é difícil conhecer o espírito; revela como acontece a inter-relação mente-corpo geradora da consciência. Compreendemos que o desenvolvimento da consciência não é uma reação do estilo físico-químico como a que acontece entre duas substâncias naturais que chocam produzindo um efeito previsto, mas interação dialética onde "o imaterial não se relaciona com a matéria como um particular se relaciona com outro, mas como um universal que superou e incluiu em si a particularidade"[291]; dito de outro modo, um particular que se imbuiu de universalidade, singularizando-se.

A evolução do processo formativo da consciência relatado na *Antropologia*, onde o espírito e as pulsões naturais se imiscuem entre si, é "o processo através do qual a substância universal se afasta do mundo natural progressivamente, se diferencia, e vem a ser sujeito

---

[288] Hegel, G. W. F., *Enzyklopädie*, 2012, § 389-Z: "(...) der Bewußtlosigkeit eingehült".
[289] Ibidem, § 387: "(...) Seele oder Naturgeist (...)".
[290] Pinkard, T., *Hegel's naturalism*, 2012, p. 25.
[291] Hegel, G. W. F., *Enzyklopädie*, 2012, § 389-Z: "(...) immaterielle zum Materiellen nicht wie Besonderes zu Besonderem, sondern wie das über die Besonderheit übergreifende wahrhaft Allgemeine sich zu dem Besonderen verhält; das Materielle in seiner Besonderung hat keine Wahrheit, keine Selbständigkeit gegen das Immaterielle".

individual"[292]. Vem a ser espírito, mas não porque a natureza se transformou em espírito. O espírito humano está lá implícito, e a substância universal ganha significado humano que o espírito lhe concedeu quando a tornou "sua".

O primeiro acontecimento psíquico, a centelha do início da subjetividade, é a sensação. Este fenómeno influencia a perceção do mundo e provoca o movimento dialético: através do seu corpo, o espírito experimenta sensações e sofre *alterações na própria substancialidade*[293] que o tornam um todo natureza espiritualizada: "a alma é a totalidade das sensações reflectidas em si mesma"[294]. O todo psíquico identifica-se, assim, com o sensível, facto que prevê já uma fenomenologia da corporalidade.

O ponto *alfa* da subjetividade[295] está no momento em que o espírito-natural se identifica "com a totalidade do seu conteúdo"[296]. Este é um momento fundamental. Neste ponto, o espírito é a totalidade das sensações; é então que, sentindo-se todo, constitui uma "unidade subjetiva"[297].

A filosofia da criação da consciência dá-nos a conhecer que a vida psíquica é um misto: uma relação dialética irrompe de uma relação harmoniosa que se deparará com oposições, interiores e exteriores.

---

[292] Malabou, C., *L'avenir de Hegel: plasticité, temporalité, dialectique*, Librairie Philosophique J. Vrin, Paris, 1996, p. 45.

[293] Hegel, G. W. F., *Enzyklopädie*, 2012, § 402: "Die Empfindungen (...) Veränderungen in der Substantialität der Seele (...)".

[294] Ibidem, § 402: "(...) die Seele ist an sich reflektierte Totalität desselben (...)".

[295] Ibidem, § 399: "wachen Seele" (alma acordada). Usámos acima a expressão "da subjetividade" porque o ritmo dialético progressivo do trabalho do *conceito* do espírito vai efetivando a própria subjetividade. Na *Antropologia* efetiva-o na forma natural ou imediata: *alma*. É o estádio final da alma natural, o da individualização, a partir da qual inicia o processo que originará o nascimento do *Eu* (ver Malabou, C., *L'avenir de Hegel: plasticité, temporalité, dialectique*, Librairie Philosophique J. Vrin, Paris, 1996, p. 31).

[296] Ibidem, § 407-Z (este aditamento, Zusatz, "Z", é uma originalidade da edição de M. J. Petry): "Die fühlende Subjektivität ist die Totalität allen Inhalt und die Identität der Seele mit diesem ihrem Inhalte (...)".

[297] Ibidem, § 407: "(...) als subjektivem Eins zusammen".

No começo há uma *con*-vivência desafectada no seio do todo psíquico: é a paz originária da substância universal indeterminada. Deste mar calmo de sensações *a alma possui-se a si mesma, e o seu ser, a subjetividade, a faculdade criadora é o poder que o espírito tem sobre si*[298]. É a força do *conceito*. Este ser sensível que acabou de nascer, experimenta-se e possui-se. A transição para o espírito, a "revelação", aconteceu com o sentir e com o sentir-se, e podemos dizer com Hegel que, nesta fase, "eu sou aquilo que sinto e aquilo que sinto, sou"[299].

3.2.6. O juízo dialético que acorda o sujeito

A transposição, que da sensação fez acontecer o início da vida do sujeito, mais especificamente, que despertou a vida racional compreensiva e o início da consciência, acontece em virtude de um juízo, que não obedece necessariamente a alguma lógica nem tem de ser consciente. Neste caso é sub-consciente. Assim, perante o sentir, o juízo livre é a distinção íntima que o sujeito faz quando experimenta. Esta escolha sub-consciente divide: algumas sensações tornam-se mais identificativas do si-próprio para si mesmo do que outras: este fenómeno psíquico provoca a divisão interna em virtude da qual a alma, o todo sensorial, *passa a ter sentimentos particulares*[300].

O núcleo ontológico da retração *para-si*, o juízo ou separação (*Urteil*) interna, consiste em que a alma passa a "conhecer" essas sensações como "suas"; e nelas estabelece a base ontológica do si-próprio (*Selbst*), o sujeito das determinações: eclode aí agora a subjetividade que se separa, pouco a pouco, do restante da subs-

---

[298] Hegel, G. W. F., *Enzyklopädie*, 2012, § 403: "Das fühlende Individuum ist (...) Subjektivität des Empfindens (...) Die Seele ist als fühlende nicht mehr bloß natürliche, sondern innerliche Individualität; dies ihr in der nur substantiellen Totalität (...)".

[299] Ibidem, § 402-Z: "(...) das bin ich, und was ich bin, das empfinde ich".

[300] Ibidem, § 407.

tância universal indiferenciada, o outro de si que não é exterior, mas apenas indeterminado, a corporalidade instintiva. A substância psíquica indeterminada, na medida em que consolidou capacidade para se auto-produzir, determinou-se, é sujeito, quer dizer, *substância sujeito*[301]. Começa assim a aparecer no seio desta mónada senciente que é a alma, neste "sentimento de si" (*Selbstgefühl*), uma "oposição real" (*"reellen Gegensatze"*[302]) relativamente ao resto de si indeterminado, o "diferente", a substância natural, as doações naturais que permanecerão para sempre como *inconsciente*[303].

O *Eu* tem, portanto, esta capacidade para "estar consigo mesmo na sua diferenciação"[304]; daqui a conclusão de que o homem já é diferença interna desde a origem, ou seja, possibilidade de *loucura*.

Mesmo no centro desta conturbação dialética, a atualização psíquica vai acontecendo nestes contínuos movimentos de negação-conceção próprios da vida mental; cada momento de consolidação ontológica é local-acontecimento e nele nasce a consciência, a memória, o sujeito e o tempo.

Concluindo, a subjetividade não é o inquilino estático imaterial da caixa craniana; antes é dinâmica da vida psíquica viva que *se frequenta a si própria*[305] e se funda *exatamente aí, no processo de desenrolamento e revelação da própria individualidade*[306].

---

[301] Ibidem, § 404.

[302] Ibidem, § 390-Z.

[303] Ibidem, § 403: "(...) daß die Idealität Negation des Reelen, dieses aber zugleich aufbewahrt (...).

[304] Ibidem, § 381- Z: "(...) denn Ich setzt sich selbst sich gegenüber, macht sich zu seinem Geegenstande (...)".

[305] Malabou, C., *L'avenir de Hegel: plasticité, temporalité, dialectique*, Librairie Philosophique J. Vrin, Paris, 1996, p. 54.

[306] Ibidem, p.45.

3.3. Filosofia e saúde

3.3.1. O conceito de vida

Para Hegel, a vida é *a Ideia concebida agora, no imediato*[307]. Pode dizer-se, é o espírito a manifestar-se. Dados já os elementos e a dinâmica metafísica, podemos deduzir que a vida é justamente a manifestação agora do *conceito*. Assim, a *saúde* é a adequação do *conceito* do espírito ao que de si (conceito), se realizou; a *doença*, por outro lado, é a *não adequação ao conceito*[308], ou seja, que o que se realizou não corresponde à essência do espírito; por outras palavras, o espírito realizou-se em algo desconforme a si mesmo. Nesta expressão metafísica podemos atestar *a proporção da verdade*[309], isto é, a verdade antropológica, ou ainda, a *saúde*, que surge assim como a qualidade psíquica da vida da alma, ou seja, o grau de atualização dialética do espírito. Isto, é o núcleo da antropologia filosófica da tensão psíquica que caracteriza a enfermidade originária (a loucura): expressa o grau de adequação da co-habitação entre a finitude natural e a infinitude espiritual; a resolução deste conflito, que não é uma cura médica, acontece no nível da dialética compreensiva da nuvem psíquica, na primeira grande atualização do *conceito* do espírito, na formação da consciência, figuração mental que resulta da reflexão sobre si mesmo de cada um.

Nesse *topos*, o da adequação/desadequação entre a realidade e o *conceito* reside (1) a "possibilidade de uma doença do espírito", que é a tese clássica, ou então a conclusão hegeliana de que (2) não há nenhum desvio patológico, isto é, que o existir do espírito já é onto-

---

[307] Ferrer, D., "Hegel e as patologias da ideia", in *Revista Filosófica de Coimbra*, 27, F.L.U.C., Coimbra, 2005, p. 145.

[308] Ibidem, p. 153.

[309] Ibidem, p. 145.

-geneticamente habitado por uma "enfermidade originária"[310]: oposição intra-psíquica que pode originar bloqueio do fluxo psíquico dialético--concetivo com perda de capacidade para ordenar a estrutura mental. A comunhão psíquica destes opostos metafisico-antropológicos é o que constitui a resolução do conflito pessoal.

A oposição interna com contradição é portanto um estádio do desenvolvimento do espírito necessário à conceção do homem. Hegel diz mesmo que *a loucura é um privilégio*[311]. Porque diria isto? Justamente porque a autonomia e a liberdade se provam na superação do conflito máximo, quando o homem se experimenta interiormente bloqueado e puxa pelo mais fundo de si para se reconquistar: pensar.

A persistência neste estádio, por perda de fluidez dialético-racional, que é a atividade essencial, leva o espírito ao sofrimento e ao vazio existencial. Isto ocasiona que a nuvem psíquica não se atualiza numa unidade ontologicamente estável. Neste vazio da desestruturação ontológica fecunda o desespero e a angústia pessoal porque *o espírito anseia por unidade*[312].

A necessidade de estudar a *loucura* exatamente na Antropologia, fica claro: é o período onde acontecem as transições dialéticas originárias que suportam as esferas superiores do existir. É por isso que a *loucura* não só não é unicamente espiritual, do género de um *cogito* puro afetado com alguma sombra, ou exclusivamente material, como também não é extra-humana, está no seio mesmo da consciência.

Hegel desvela e apresenta-nos assim numa riqueza filosófica ímpar o racional humano dotado de verdadeira humanidade: contém em si mesmo o consciente e o inconsciente, o ser e o não-ser, o apolíneo

---

[310] Ibidem, p. 150: "(...) cada indivíduo na sua ontogénese (...) padece de uma enfermidade originária eventualmente insanável, um pecado original de todo o espírito (...)".

[311] Hegel, G. W. F., *Enzyklopädie*, 2012, § 408-Z.

[312] Berthold-Bond, D., *Hegel's theory of Madness*, S.U.N.I. Press, Nova Iorque, 1995, pp. 66-67.

e o dionisíaco, numa relação tensa, *nalguns momentos mágica*[313], mas também suscetível à *loucura*, à possibilidade real da *não realização de si*[314], facto pessoal que acontece quando a função subjetiva bloqueia.

A vida é portanto dinâmica dialética, auto-desenvolvimento psíquico e interação *fluida (Flüssigkeit)* no interior da mistura racional-pulsional. Assim, "a saúde não é, para Hegel, com certeza, a simples manutenção de um organismo em funcionamento"[315]. É *assunto do espírito*[316] onde o trabalho auto-concetivo não faz uma operação intelectual de síntese – de objetividade e subjetividade –, mas *elevação teleológica a uma conceção* superior, sublinhemos, não apenas quando o estudamos, na teoria, mas na região do real; no dia-a-dia.

Observemos que, longe de ser uma conexão da mecânica fisiológica das partes, aquilo que presenciamos, o homem, é um indivíduo vivo animado interiormente pelo (1)*fluxo lógico-dialético do pensar* (a capacidade racional compreensiva) e pela (2)*corrente dinâmica inter--orgânica que organiza a sua sistematicidade biológica*[317].

A palavra alemã para espírito, *Geist*, expressa justamente a dimensão universal da humanidade tingida de dignidade pessoal; muito além do que está inscrito nos sistemas biológicos subjugados às leis

---

[313] Hegel, G. W. F., *Enzyklopädie*, 2012, § 405-Z. O uso do vocábulo "mágico" refere-se ao facto de haver, no humano, fenómenos incrivelmente difíceis de compreender. Desse modo, percebendo a existência de fenómenos com caráter maravilhoso e assumindo que estamos perante um filósofo do topo, longe de ser uma explicação leviana, parece-me absolutamente apropriada: "Die vermittlungsloseste Magic ist nun näher diejenige, welche der individuelle eist über seine eigene Leiblichkeit ausübt (...)".

[314] Malabou, C., *L'avenir de Hegel: plasticité, temporalité, dialectique*, Librairie Philosophique J. Vrin, Paris, 1996, p. 55.

[315] Ferrer, D., "Hegel e as patologias da ideia", 2005, p. 137: "A saúde não é, para Hegel, com certeza, a simples manutenção de um organismo em funcionamento. (...) A saúde remete para a forma da apropriação pelo conceito da sua realidade e existência, ou do seu corpo pela consciência e, nessa medida, trata-se de um problema principalmente antropológico".

[316] Ibidem, p. 137. Ver também Burbidge, J., *The Logic of Hegel's Logic*, 2006, p. 131.

[317] Ferrer, D., "Hegel e as patologias da ideia", in *Revista Filosófica de Coimbra*, 27, F.L.U.C., Coimbra, 2005, pp. 137-138.

da *causa-efeito das coisas finitas*[318]. Em termos psíquicos a vida mental reestrutura-se sempre que o homem experimenta o totalmente outro, tendo que, nesse gesto, ser obrigado a recriar-se preenchendo-se com ele; torna-se mais consciente de si precisamente agora, imbuído de mundo. Este vir a ser para si, resultante da reflexão no nível filosófico especulativo é ganho vital auto-consciente, facto que faz deste gesto introspetivo do próprio sujeito pensante relativamente a si e aos outros, substância antropológica vital e determinante da saúde.

Sublinho que, este movimento de contínua conceção de si, de projeção e auto-retorno psíquico em-si e para-si, da experiência da alteridade, por parte do trabalho do *conceito*, criador de memória, quer individual, quer histórica, não resulta de alguma força externa ou reação fisico-química no interior do *círculo* neurofisiológico supostamente fechado. A unidade psicossomática *homem* resultou do trabalho dialético-compreensivo de transformação, não restrita a um ciclo material encerrado, mas aberto à infinitude essencial e produtiva do espírito. Esta mónada aberta caracteriza-se pela reciprocidade antropológica; assim, tendo-se apenas a si mesmo como referência embrionária, regressa continuamente a si própria cada vez mais livre e confiante.

---

[318] Hegel, G. W. F., *Enzyklopädie*, 2012, § 379-Z: "(...) Erhabenheit des Geistes über ein Außernander und über dessen äußerliche Zusammenhänge zum Vorschein kommt". Ver também Burbidge, J., *The Logic of Hegel's Logic*, 2006, p. 83; ainda no texto de Bourgeois, B., *Hegel, les actes de l'esprit*, 2001, p. 8. Outra referência é Winfield, R, "Hegel's solution to the mind-body problem, *in* Houlgate, S. e Baur, M., *A companion to Hegel*, 2011, pp. 234-236. Finalmente, uma nota mais, em De Vries, W., *Hegel's theory of mental activity, an introduction to theoretical spirit*, Cornell University Press, E.U.A., 1988, p. 3.

3.3.2. Filosofia da Loucura

3.3.2.1. *A origem da contradição intra-psíquica*

A *loucura*, de acordo com o que Hegel nos legou é a experiência de incompletude íntima. É uma rutura interior que impede que cada pessoa consiga ter um vislumbre satisfatório de si unificado. O indivíduo vive a perturbação antropológica máxima: a loucura da convulsão mental. Não tendo consciência imediata de si, vive como se na sua intimidade habitasse um inquilino anónimo. Trata-se no entanto de uma configuração, ainda que momentânea, própria do processo racional de compreensão. Portanto, é uma fase psíquica universal: "a nossa interpretação de que a desordem mental seja uma forma ou estádio que ocorre necessariamente no desenvolvimento da alma, não implica que todos os espíritos, todas as almas, devem passar por este estado de extremo dilaceramento. Defendendo esta posição seria tão insensato quanto assumir que, tal como o crime é tratado na filosofia do direito como uma manifestação humana, fosse inevitavelmente necessário que qualquer indivíduo fosse culpado dele"[319]. Acontece regularmente no ser humano, *não na forma extremada, mas como limitações quotidianas que cada um ultrapassará no decurso da vida*[320].

O que varia de pessoa para pessoa, na *loucura*, é o tempo de permanência nesta conformação psíquica. Isto é um ponto nuclear.

---

[319] Hegel, G. W. F., *Enzyklopädie*, 2012, § 408-Z: "Diese unsere Auffassung der Verrücktheit als einer in der Entwicklung der Seele notwendig hervortretenden Form oder Stufe ist natürlicherweise nicht so zu verstehen, als ob damit behauptet würde, jeder Geist, jede Seele müsse durch diesen Zustand äußerster Zerrissenheit hindurchgehen. Eine solche Behauptung ware ebenso unsinning wie etwa die Annahme: weil in der Rechtsphilosophie das Verbrechen al seine notwendige Erscheinung des menschlichen Willens betrachtet wird, deshalb solle das begehen von Verbrechen zu einer unvermeidlichen Notwendigkeit für jeden einzelnen gemacht werden".

[320] Ibidem.

Este estado pertence à experiência imediata e ao nível inconsciente, mais propriamente ao subconsciente que, sublinhemos, não é nenhum depósito físico escondido separado de qualquer outro departamento ou secção intelectual estanque. O que há é vida psíquica dinâmica, a minha e a sua, por exemplo, mais ou menos organizada na dimensão logico-temporal, variavelmente estável. O subconsciente, didaticamente, situando-se imediatamente antes da epifania da consciência, permite justamente esse dinamismo entre perceções inconscientes e a consciência que vai emergindo: a maturação e ordenação psíquica. A luta vivida acontece quando a racionalidade quer dominar e integrar na hierarquia psicológica as idiossincrasias impulsivas que, por seu turno e de modo intempestivo se apoderam da função da subjetividade, da personalidade ativa individual, sem a mediação da racionalidade dialética. Temos como exemplo a pulsão sexual, o sono, um temperamento agitado ou ansioso – a "ansiedade" não tem qualquer significado nosológico –, por exemplo.

A noção de desencaminhamento exprime impasse ou constrangimento no curso de um crescimento evolutivo. Este fenómeno e a consequente conformação psíquica daí resultante, o conflito interior, deve-se à *perda de fluidez dialética*[321]: a inibição da capacidade racional criadora do arcabouço psíquico. Algum instinto da vida inconsciente pulsional entravou a fluidez racional, provocou anquilose compreensiva e, consequentemente, rutura intra-psíquica. Deste fenómeno resulta paragem no processo necessário do desenvolvimento dinâmico íntimo da alma, isto é, do espírito.

Uma nuvem psíquica desequilibrada também pode resultar de outro processo: por regressão do espírito desde um estádio superior,

---

[321] Ibidem: "(...) nicht flüssigen (...)". Ver também em Ferreira, M., *Prefácios*, I.N.C.M., 1990, p. 38 (Prefácio ao sistema da ciência, 1807) e 74 (anotação de Manuel do C. Ferreira ao conceito de dialética para Hegel, no fundo, o carácter interativo da razão). Hegel refere-se-lhe ainda quando discorre sobre o tema do magnetismo animal: Petry, M. J., *Hegel's Philosophy of Subjective Spirit, Anthropology* (vol. II), 1978, p. 560 (NE).

mais maturado, para uma forma imatura onde impera o vazio ontológico. Neste caso, o indivíduo regride para uma figuração psicológica afastada do mundo, onde se isola: o espírito afunda-se num elemento da subjetividade corpórea, finito, no inferno da *má subjetividade* que lhe restringe a liberdade tornando-o um "singular enclausurado em si mesmo, que não é nem capaz da verdade, nem é nem capaz da liberdade"[322].

A instabilidade interior resultante da não ordenação mental é o que caracteriza a loucura: "o sujeito vê-se envolvido numa contradição entre a totalidade sistematizada da sua consciência e uma determinação particular que não está nela fluidificada nem categorizada. Isto é a loucura"[323]. O facto da rutura pessoal extrema surgir na *Antropologia* e não numa fase mais avançada do espírito é *sui generis* porque faz da loucura, *não um défice educativo ou formativo*[324], mas uma qualidade universal da natureza humana que expressa a provação humana e o estranhamento máximo, a confrontação consigo mesmo com vista ao auto-conhecimento, base do existir livre e autónomo.

---

[322] Ferreira, M., *Hegel e a justificação da Filosofia*, I.N.C.M., Lisboa, 1992, p. 151.

[323] Ibidem, § 408: "Das Subjekt befindet sich auf diese Weise im Widerspruch seiner in seinem Bewußtsein systematisierten Totalität und der besonderen in derselben nicht flüssigen und nicht ein – in untergeordneten Bestimmtheit, – die Verrücktheit". Há uma particularidade do espírito ainda conetada à impulsividade natural: "não está nela" significa que "não está organizada, hierarquizada e apropriada compreensivamente na consciência". Não esqueçamos que, para Hegel, nesta fase da atividade do si próprio interior, ainda "alma senciente" (*Fülhende Seele*), mais especificamente na conformação ontológica de "sentimento de si" (*Selbstgefühl*), o sujeito já desenvolveu uma consciência que não está, no entanto, ainda completamente determinada porque está presa (*beharren bleibt*) a alguma pulsão natural: aquela determinada particularidade corporal que impede o desdobrar livre da alma, uma imediatidade impulsiva que resiste à objetivação. Impermeável à universalidade, impede que a comunicação dialética interior com a substância total ocorra de forma fluida. Não se deixa apreender como objeto para a consciência objetiva em nascimento; assim, não permite a progressão normal do espírito, isto é, a livre caminhada no sentido do nascimento da consciência ou *Eu* (Ego). Inibe a completude antropológica do espírito. O capítulo 408 da Enciclopédia, onde encontramos o principal sobre a Loucura, corresponde às lições de Hegel na Universidade de Berlim, nos dias 15, 18, 19, 21 e 22 de Julho de 1825 (Petry, M. J., *Hegel's Philosophy of Subjective Spirit, Antropology*, 1978, p. 577, NE).

[324] Ibidem, § 387.

O existir sofrido que marca esta figuração própria resulta do vazio ontológico da não conceção de si por bloqueio cognitivo. O espírito habita-se abstratamente, por isso é frágil e perde o controlo de si a favor de uma *qualidade*[325] ou instinto corporal que suga a autonomia psíquica e se opõe à racionalidade emergente. Aqui, neste ponto já estamos na região antropológica e o espírito perdeu o controlo sobre a função da consciência. Neste turbilhão intelectual, o instinto impulsivo "arranca-se a si mesmo do espírito"[326], *arrasta consigo uma parte da corporeidade (a sua base física) de que necessita para ter existência empírica, e provocará doença*[327].

Há, portanto, dois tipos de descoordenação da vida intelectual: (1)a "loucura constitutiva" que, tal como o nome indica, faz parte da constituição individual: a progressão dialético-racional estagna e o sujeito vive um período de impedimento intelectual, mais ou menos breve, devido a algum obstáculo que nasceu da oposição entre o que, na vida psíquica, despertou para a racionalidade e o irrefletido pulsional. O outro tipo é a (2)"loucura constituída", mais popular devido à psicanálise: nela, o espírito desiste do seu desenvolvimento, desliga-se do mundo e regride para um estado de imaturidade racional onde predomina a paz afetiva porque não há contradição íntima. É um casulo indolor, um oceano indiferenciado e primitivo de sentimentos sem oposição entre si e, portanto, estéril em termos de produção humana.

A regressão para esta "alma afetiva" revela a necessidade universal do homem pela unificação psíquica: "o impulso para a unidade e para o Absoluto é uma repetição, a necessidade de recapturar o ser primordial"[328].

---

[325] Ibidem, § 408-Z: "(…) Seelenhafte, das natürliche Selbst (…)".
[326] Ibidem, § 406-Z: "Sichloreißen des Seelenhaften vom Geiste".
[327] Ibidem.
[328] Mills, J., *The unconscious abyss, Hegel's antecipation of Psychoanalysis*, 2002, p. 178.

À renúncia ao desenvolvimento e ao consequente regresso para o casulo da união afetiva, sem a dor da contradição, que podemos designar por *desistência ou abandono dialético*, chamo *Aufhebung* invertida: o espírito renuncia "agir sobre si"[329] e regressa à condição natural do sentimento total onde não precisa de fazer juízos introspetivos nem resolver contradições íntimas. Vive(-se) na paz do vazio.

Avancemos com a seguinte tese: que a permanência nalguma destas configurações é pessoal, depende da formação do sujeito, da sua constituição idiossincrática e conforme o mundo circunjacente por ele vivido. Cada indivíduo, em concordância com a sua capacidade e possibilidade, persistirá nela mais ou menos tempo: o tempo que precisa para resolver a violência interior.

Este estádio antropológico que exprime a origem do conflito psíquico é o da "alma senciente" (*Die fühlende Seele*), e nele a subjetividade despontou com o sentir-se. Esta evolução psíquica, específica da região semi-consciente, é a perceção de si, o primeiro sujeito-corporal do sistema hegeliano que se apercebe de si: "a alma, sentindo, não é mais um simples ser natural, mas sim, intimamente, [é] uma individualidade"[330]. Este fenómeno psíquico expressa a maturação psíquica. A substância, *anteriormente uma unidade de sensações, devém mónada de sentimentos*[331] dotada do primeiro instinto, o sentimento de si, totalidade viva, "forma intensiva da individualidade"[332]. Apercebe-se e pela primeira vez sente-se um todo aqui e já.

Apesar de se tratar de uma relação sem mediação interior, este fenómeno percetivo, porque é implicitamente espiritual, constitui a eclosão real da vida psíquica infinita. O ser despertou para si, para

---

[329] Bourgeois, B., *Hegel, les actes de l'esprit*, 2001, p. 7.

[330] Hegel, G. W. F., *Enzyklopädie*, 2012, § 403.

[331] Žižek, S., "Cogito in the History of Madness", in *Less than nothing: Hegel and the shadow of dialectical materialism*, Verso, Londres, 2013, p. 346.

[332] Hegel, G. W. F., *Enzyklopädie*, 2012, § 405: "(...) intensive Form der Individualität (...)".

a sua força de ser. E, o facto de se identificar mais com alguns sentimentos do que com outros é o que o faz único.

3.3.2.2. A região metafísica e antropológica da Loucura

Como é possível que um ser rompa consigo mesmo? Como pode acontecer um conflito no seio mesmo da capacidade racional governada por lógica e supostamente imune à discórdia? Não é que haja uma separação no mesmo sentido que acontece na matéria. Acontece, sim, uma aperceção matizada, de modo que algumas qualidades ou sentimentos têm maior probabilidade de constituir memória ou base ontológica da identidade individual do que outras.

No entanto, podemo-nos referir a uma "oposição" na medida em que o sujeito recém-nascido no sentimento de si está *subordinado* à esfera pulsional que não se deixa comandar pela razão. Na fase imatura, a intimidade racional quer organizar o todo, física e intelectualmente, mas vê-se incapaz para se conhecer, no agora, como um todo; essa experiência frustrante é um impedimento real para fazer um relance global e sentir-se vivo e presente. A alma, ou espírito-natural, vê-se assim dependente da naturalidade animal. Sendo esta um "outro" inexorável, o espírito experimenta o fracasso da auto-constituição, a *loucura*.

O cerne da *loucura* para Hegel está precisamente nessa *relação entre a subjetividade e a objetividade*[333], isto é, na interação ativa e oposta entre o que, do todo alma se conseguiu objetivar adquirindo algum grau de consciência, e o que de si permaneceu subjetivo, natural e intempestivo.

---

[333] Petry, M. J., *Hegel's Philosophy of Subjective Spirit, Anthropology* (vol. II), 1978, p. 593 (NE 365,2).

O filósofo encontra a universalidade do caminho auto-concetivo do espírito, bem como o lugar da loucura, justamente nesta dinâmica vital intra-psíquica onde também desaguam os problemas e atritos mentais do existir maturado, isto é, das esferas mais livres do espírito: a alma evolui para *consciência* quando consegue fazer um relance reflexivo de si e conhecer-se nessa reflexão; para isso, faz o gesto intelectual de tomar distância, ou seja, *põe-se* para a própria reflexão; pode dizer-se: objetiva a subjetividade remanescente ou, o que é o mesmo, faz com que a subjetividade nascida do mar dos sentimentos retorne reflexivamente sobre si mesma identificando-se e possuindo-se neste ato.

Quando a oposição entre a subjetividade e a objetividade, que começa a despontar, se agudiza, provoca a já mencionada contradição interna activa; a consequência deste distúrbio íntimo é o bloqueio da razão; fica inibida a capacidade produtiva e o consequente acesso do espírito às esferas superiores do desenvolvimento essencial. No caso presente, que constitui a chave do texto, este bloqueio ou loucura obstrui momentaneamente a capacidade do sujeito para realizar a ação psíquica de produzir conhecimento de si, consciência.

A oposição (*Gegensatz*), primeiro, e a contradição ativa (*Widerspruch*), depois, entre *a consciência que se começa a pré-figurar*[334] e os sentimentos subjetivos, o outro de si do espírito, constituem e esculpem *necessariamente*[335] como passo dialético inerente, mas não definitivo, a zona *antropo-lógica* da *loucura*.

No caso de normalidade, esta tensão resolver-se-á através de um acordo dialético que provém da *con*-vivência do "si" – a subjetividade precoce que se foi organizando à volta dos sentimentos particulares e se tornará objetividade racional – com a sua congénere[336] instintiva, o mar das sensações, desejos e pulsões da corporalidade sensorial. Esse

---

[334] Hegel, G. W. F., *Enzyklopädie*, 2012, § 408: "verständigen Bewußtsein".

[335] Ibidem, § 408-Z: "Die Notwendigkeit jenes fortgang".

[336] Hegel usa o termo *fache*, compartimento, divisão, secção: *zwiefaches* (§ 406-Z).

"pacto" íntimo, psíquico, chama-se *hábito* (*Gewohnheit*) e é um estádio fundamental: faz a ponte entre o "sentimento de si" e a consciência; nele, o todo habitua-se a si próprio e edifica uma plataforma ontológica de estabilidade a partir de onde se projeta para a consolidação pessoal.

A este acontecer psíquico subjaz uma sub-estrutura metafísica alimentada por uma dialética que vai conduzindo e atualizando o espírito ao longo dos vários momentos dessa evolução[337].

A comunhão entre a subjetividade dialética, portanto, o si apercebido, e a massa universal da corporalidade instintiva, acontece silogisticamente numa globalidade superior como a verdade da confrontação: consciência. Este passo psíquico é uma objetivação: a alma reflete sobre si e reconhece-se; esta ação de consciencialização dá ao *conceito* do espírito o trabalho antropológico mais importante de todos, o fenómeno metafísico por excelência: o conceber-se a si próprio.

A consciência, portanto, já desde a profundidade ontológica e metafísica, não pode ser explicada como "um suporte indeterminado de predicados porque os predicados não são universais abstratos, mas relações que ele a partir de si próprio estabelece com o seu outro"[338]. A dúvida, o impasse e o desacordo são já constitutivos do ser humano desde a embriogénese lógico-metafísica do espírito, isto é, da razão: "todas as consciências contêm a unidade e a divisão e, portanto, a contradição, e é um erro da lógica normal supor que o espírito excluiu de si a contradição"[339]. Esta posição filosófica deita

---

[337] As formas lógicas que sustentam metafisicamente as conformações antropológicas do processo evolutivo acima referido – (1) Alma senciente, (2) Sentimento de si e (3) Hábito – correspondem aos três momentos da doutrina do Conceito Subjetivo que Hegel aprofundou na *Lógica*: (1) universal, (2) particular e (3) singular.

[338] Ferrer, D., *Lógica e realidade em Hegel, a ciência da Lógica e o problema da fundamentação do Sistema*, 2006, p. 304. Veja-se, por exemplo, em Enzyklopädie, 2012, § 381-Z: "Alle Bestimmtheit ist aber Bestimmtheit nur gegen eine andere Bestimmtheit".

[339] Hegel, G. W. F., *Enzyklopädie*, 2012, § 382-Z: "Die gewöhnliche Logik irrt daher, indem sie meint, der Geist sei ein den Widerspruch gänzlich von sich Ausschließendes. Alles Bewußtsein enthält vielmehr eine Einheit und eine Getrenntheit, somit einen Widerspruch". Esta afirmação de Hegel permite perceber o caráter ontológico da sua

por terra para sempre qualquer dúvida sobre o caráter compreensivo da filosofia de Hegel.

3.3.2.3. A crise interior do sujeito

Nos dias 15, 18, 19, 21 e 22 de julho de 1825, Hegel lecionou sobre a *Loucura* na Universidade de Berlim. Estas, foram as aulas que serviram de base ao capítulo 408 da sua *Enciclopédia*, editada por Boumman.

Para preparar os seus alunos para a complexidade da desordem mental, Hegel dedicara as aulas precedentes, de 11, 12 e 14 de julho, ao tema da subjetividade; desse modo, quando apresentou o tema da rutura psíquica e da desordem mental que se lhe segue definiu-a como *quebra no controlo da conduta e das satisfações dos desejos implícitos na subjetividade*[340]; no fundo, apresentou o conflito íntimo como falha na capacidade para dominar o génio conetado às determinações corporais – "o que em si é inconsciente, a disposição natural, o temperamento"[341] – que se opõe à racionalidade emergente. Esta é a oposição interna *original*[342], o embrião da *loucura*.

A loucura surge então, não como um estado doente, mas como fase do normal desenvolvimento da vida mental, uma limitação ou dificuldade para exercer domínio sobre si próprio devido ao bloqueio que atingiu a razão construtiva, que ocorreu na maturação e *crescimento*

Lógica: ela é irredutível ao puro raciocínio formal. Podemos testemunhar a presença da liberdade (do poder não-ser) nas categorias do puro pensar.

[340] Petry, M. J., *Hegel's Philosophy of Subjective Spirit, Anthropology* (vol. II), 1978, pp. 576-577.

[341] Hegel, G. W. F., *Enzyklopädie*, 2012, § 405: "(...) bewußtlose Naturell, Temperament usf., (...) Charakter (...)".

[342] Ibidem, § 166. Veja-se o conceito de "juízo" (*Urteil*) como separação ou partição originária.

psíquico do espírito[343]; esta rutura expressa a resistência das inclinações, pulsões e desejos naturais, à idealização, à objetivação por parte da racionalidade que as procura capturar, classificar e integrar na arquitetura mental. A desordem da vida mental também não é uma doença, pois trata-se de uma consequência lógica de um bloqueio racional. Mas, se a contradição intrapsíquica persistir, sim, logicamente haverá "dilaceramento excessivo"[344] e, portanto, doença. É o que acontece nos estados extremos da loucura onde há sofrimento existencial; na *Obsessão* (*Narrheit*) ou na *Insanidade* (*Wahnsinn*) que são configurações psíquicas onde o conflito mental perseverou.

3.3.2.4. A ontologia da subjetividade quebrada

O gesto final de totalização, digamo-lo, é o *escape à contradição*[345] que caracteriza a *loucura* onde uma última pulsão ou qualidade resistiu à racionalização e impediu a totalização antropológica, isto é, a formação da consciência. Essa particularidade subjetiva é o que resta do mar dos sentimentos primordiais que, no último instante, se conservou opondo-se à integração na hierarquia ontológica impedindo que o espírito pudesse fazer de toda a substância, sujeito; desse modo manteve viva na intimidade da razão, no seio psíquico, no cerne da subjetividade, dolorosamente, a contradição original. Isto é a *loucura* (*Verrücktheit*).

Dito de outra forma, concentrando a nossa atenção na derradeira determinação corporal, a particularidade que força o estado de

---

[343] Ibidem: "(...) Entwicklung der Seele notwendig (...)". É um momento que decorre do movimento da auto-produção do espírito como impasse, mas normalmente é ultrapassável. Pode suceder a qualquer um e, no caso em que não é superado (überwinden), surge doença. Dizer que "é necessário" significa que se trata de um momento inerente do processo quotidiano da racionalidade humana.

[344] Ibidem, § 408-Z: "(...) Zustand äußerster Zerrissenheit hindurchgehen (...)".

[345] Bourgeois, B., *Hegel, les actes de l'esprit*, 2001, p. 8.

contradição íntimo, podemos dizer, é o ilhéu último da individualidade subjetiva e, insistindo na existência percetiva, usurpa o poder psíquico e a autonomia sobre o todo alma. Toma, por vezes, a razão e a subjetividade. Diz-se: "agiu por instinto". É o último fôlego da resistência pulsional. Pode acontecer com qualquer um e em qualquer hora. O sujeito experimenta desorientação devido à luta inconsciente do espírito pela posse do *lar* dos afetos, o corpo, que receia perder para sempre, numa sensação de perda percebida inconscientemente.

Ao nível espiritual, onde o racional se manifesta e a existência se efetiva, se o *espírito ficou impedido de espiritualizar a própria natureza*, portanto, de se possuir totalmente, a sua essência está reprimida. Não consegue conceber. A capacidade racional-dialética perdeu liberdade, anquilosada no conflito; assim, ontologicamente, o *conceito* do espírito está impedido de trabalhar e o progresso mental fica obstruído, o espírito não consegue refletir sobre si mesmo, de *objetivar a sua subjetividade*[346] (o passo final da formação da consciência). Por isso, sofre.

Aqueles sentimentos que iniciaram a edificação da subjetividade passaram a constituir a *memória salvadora de si mesmo do espírito*[347], a base psíquica que acolhe o espírito quando este necessita de reconhecimento: constituem memória dialética racional-carnal que resgata a identidade do espírito impedindo que o restante universal indeterminado se apodere da *função da consciência agente e da primazia ontológica em efetivação; deste modo impede que a matéria finita e sem capacidade objetiva se apresente* como a "verdade do espírito"[348].

Hegel definiu a excelência do espírito na sua infinita capacidade auto-concetiva justamente neste trecho da sua biografia, o primeiro

---

[346] Ibidem, p. 7. A objetivação é, no fundo, o regresso a si da subjetividade; é o refletir acerca de si mesma: "La subjectivité ou liberté qui s'objective dans le droit est la subjectivité ou la liberté advenue à elle-même (...)".

[347] Ibidem, p. 9.

[348] Hegel, *Enzyklopädie*, 2012, § 406-Z: "(...) das Seelenhafte (...) der Geist in wahrheit ist (...)".

de todos: "só o homem se consegue apreender a si mesmo na completa abstração do Eu, e é por isso que ele tem o privilégio, por assim dizer, da Loucura"[349].

A força da necessidade do espírito e a liberdade possibilitam que o espírito consiga tomar distância de si mesmo, olhando para si mesmo como se fosse outro; e isto é o início da reflexão e da subjetividade, que mostra que o espírito tem liberdade, não apenas para se conceber, como também para se afastar de si suportando a dor infinita desse afastamento.

A loucura é, assim, da vida do espírito e dá uma qualidade ímpar ao homem: experimentando o sofrimento máximo, o espírito ainda assim é livre para se realizar seja em que condição for; na abstração ou na existência formal que caracterizam os estados sofridos, ou na oposição (quase) irreconciliável própria do facciosismo subjetivo. Tal fenómeno ontológico, o da efetivação de si, acontece na comunhão dialética com a alteridade, o outro dessa possível relação abstrata.

Façamos um sublinhado: sendo a conceção dialética e a consequente ascenção ontológica eventos do domínio do espírito, este nunca efetiva uma existência verdadeira fora da corporalidade, cuja resultante seria uma consciência vazia. A aparente desunião entre corpo e espírito que por vezes sobressai é uma exigência didática que alguns momentos da exposição literária exigem.

A beleza que envolve a efetivação da consciência, a realização da verdade da vida psíquica, o entrelaçamento dialético do espírito "com" o seu corpo, exibe neste evento único da filosofia de Hegel, na eclosão da humanidade, a resolução metafisico-ontológica: o puro *ser*, o *logos* universal e eterno da razão humana ganha existência, justamente encontrando-se consigo mesmo compreendendo a alteridade.

---

[349] Ibidem, § 408-Z: "Nur der Mensch gelangt dazu, sich in jener vollkommenen Abstraktion des Ich zu erfasse sozusagen das Vorrecht der Narrheit und des Wahnsinns". Não alterei o sentido, mas substituí as palavras "Narrheit" e "Wahnsinns" pelo genérico "loucura" para dar um significado geral à ideia que pretendo expressar.

O estado de angústia pessoal, agora subjetividade, instala-se, de uma forma geral, quando a conceção psíquica emperra no processo normal evolutivo que quer *conciliar os opostos antropológicos, na união da identidade e da diferença*[350] (loucura constituinte), portanto, quando quer consubstanciar subjetividade. A outra forma de desordem mental acontece, não no caminho natural antropológico, mas por alteração desse percurso, constitui-se (constituída); há *destruição de uma unidade noética já formada*[351]: o indivíduo não suporta a pressão dialética da *contínua atualização de si mesmo*[352], regride para estádios inferiores de desenvolvimento e encasula na interioridade, numa conformação afetiva *isenta de crise ou tensão* onde o sujeito se sente protegido como "resposta à experiência de dor e alienação do encontro com o mundo"[353]. Essa unidade noética é o que "a psicologia moderna chama personalidade"[354].

Pinel, que com Hegel defendeu esta tese, disse que o louco "longe de se reduzir ao estatuto de objeto-insensato sobre o qual podemos agir desde o exterior, tornou-se subjetividade rompida, com a qual é possível um comércio terapêutico"[355]. São testemunhos de investigadores que ajudam a sustentar a noção de que a oposição interna entre o despertar da subjetividade no *sentimento de si* e a superabundância sensorial da corporalidade são o que constitui a região ontológica onde fermenta a divisão primordial que caracteriza a *loucura*; esta

---

[350] Ibidem, p. 54.

[351] Malabou, C., *L'avenir de Hegel: plasticité, temporalité, dialectique*, Librairie Philosophique J. Vrin, Paris, 1996, p. 53.

[352] Bourgeois, B., *Hegel, les actes de l'esprit*, 2001, p. 9. A ideia de pressão existencial sobre o espírito humano provém do esforço do eterno retorno à base ontológica salvadora de si mesmo.

[353] Berthold-Bond, D., *Hegel's theory of Madness*, S.U.N.I. Press, Nova Iorque, 1995, p. 40.

[354] Fialko, N., "Hegel's view on mental derangement", in *Journal of abnormal and social psychology*, Manhattan state hospital, Nova Iorque, 1930, p. 262.

[355] Swain, *La question dela naissance de la psychiatrie au début du XIXème siècle*, 1975, p. XIV.

não é um conflito entre sentimentos, mas sim oposição dialética entre a totalidade sistematizada, o sistema racional que, mediando as próprias determinações, ganhou objetividade, e alguma das suas particularidades, sensação, inclinação ou desejo que persiste na forma da imediatidade instintiva e subjetiva, e *não se deixa abraçar ou compreender pelo entendimento racional* sob a forma de signo ou representação.

3.3.2.5. Loucura: falta de liberdade ou "morte em vida"

Animado internamente por uma dialética que "nega", ou seja, que "reflete sobre", o espírito possui capacidade genuína para se fortalecer e autonomizar. O bloqueio desta faculdade dialectico-compreensiva é o acontecimento psicológico originário que atinge a vitalidade do espírito, a liberdade concetiva.

Apesar de estar fora dos nossos objetivos fazer uma análise à temporalidade ou deduzir uma fórmula que exprima o tempo de conceção do espírito, isto é, *o tempo do conceito*, isto é, *o intervalo de tempo*[356] que demora a idealização, facilmente depreendemos que, na *loucura* e nas suas formas extremas, esse parâmetro está alterado e é idiossincrático, "o movimento lógico da dialética ficou suspenso"[357]: "o sujeito, apesar de ter desenvolvido uma consciência que entende, é ainda suscetível à doença porque não tem capacidade para ultrapassar e idealizar uma particularidade que permanece insistentemente no seu próprio seio"[358].

---

[356] Ferrer, D., "Hegel e as patologias da ideia", 2005, pp. 138-139. Ver ainda Malabou, C., *L'avenir de Hegel: plasticité, temporalité, dialectique*, Librairie Philosophique J. Vrin, Paris, 1996, p. 49.

[357] Mills, J., *The unconscious abyss, Hegel's anticipation of Psychoanalysis*, 2002, p. 162.

[358] Hegel, G. W. F., *Enzyklopädie*, 2012, § 408: "um der Unmittelbarkeit, in der das Sebstgefühl noch bestimmt ist, um des Moments der Leiblichkeit willen, die darin noch ungeschieden von der Geistigkeit ist, und indem auch das Gefühl selbst ein besonderes, hiermit eine partikuläre Verleiblichung ist, ist das obgleich zum vers-

A instalação da loucura caracteriza-se, assim, por uma paragem do espírito numa conformação ontológica *inadequada ao seu conceito*[359]; o indivíduo, psiquicamente, está controlado por algo subjetivo que resiste à objetivação e se libertou do controlo da "consciência concreta"[360]; essa qualidade intempestiva *assumiu determinação ontológica absoluta*[361] e, nessa condição, o espírito vive-se na tensão interna da irreconciliação consigo próprio: experimenta a loucura. O espírito humano fica imerso "na mais suprema subjetividade, na mais suprema contradição"[362]: a que opõe uma pulsão inconsciente à racionalidade que se sabe (sente) infinita.

Chamo à perturbação na vida do espírito, a experiência sofrida da desorganização mental consequente do bloqueio do espírito *em-si já sempre livre, perturbação da falta de liberdade e de verdade*, ou ainda, *distúrbio psíquico da morte em vida*[363].

---

tändigen Bewußtsein gebildete Subjekt noch der Krankheit fahïg, daß se in einer Besonderheit seines Selbstgefühls beharren bleibt, welche es nicht zur Idealität zu verarbeiten und zu überwinden vermag".

[359] Ibidem, § 386-Z.

[360] Ibidem, § 408: "konkrete Bewußtsein".

[361] Ibidem, § 408-Z: "(...) das Seelenhafte, das natürlich Selbst, die abstrakte formelle Subjektivität über das objektive (...)".

[362] Ibidem, § 386: "Diese Eitelkeit wird sich in der Entwicklung des Geistes selbst als seine höschte Vertiefung in seine Subjektivität und innerster Widerspruch und damit Wendepunkt, als das Böse, ergeben".

[363] Ibidem, § 408: "Der Geist ist frei und darum für sich dieser Krankheit nicht fähig". Ver ainda: § 410; Ibidem, § 379-Z; também, § 381-Z ("in der Natur gefangengehaltene an sich seiende Geist zum Beginn des Fürsichseins und damit der Freiheit). Ver ainda a nota de rodapé (NR) da edição de M.J. Petry ao aditamento (Z) do capítulo 377 (377-Z): "das Extrem, wo der Geist hingeht, ist seine Freiheit, Unendlichkeit, an und für sich sein (...) die Natur der Geistes ist diese absolute Lebendigkeit, dieser Prozeß selbst zu sein, von der Natürlichkeit Unmittelbarkeit zugehen, seine Natürlichkeit aufzuheben zu verlaßen, und zu sich selbst zu kommen, und sich zu befreien, das ist er, nur als zu, sich gekommen, als ein solches Produkt seiner selbst ist er (...) er ist als Geist nur als Resultat seiner selbst". E é precisamente no momento em que se realiza e se reconhece, que atinge a sua absolutidade: "(...) Erfassen seiner selbst (...) sich selbst erkenne" (§ 377-Z); e ainda: Hegel, G. W. F., Vorlesungen über die Philosophie der Religion, Felix Meiner, Hamburg, (1:85), citado por Lewis, T. A., *Habit, reflection and freedom: from Anthropology to ethics in Hegel*, 1999, p. 31: "O espírito que não se manifesta ou revela é algo morto".

O valor da vitalidade da razão fica provado. Mais, este trecho mostra o quanto custa a verdadeira reflexão, aquela que obriga o espírito a suportar a *dor infinita*[364] da alienação de si mesmo. Em boa verdade, define a temporalidade absoluta, o tempo da dor infinita: o tempo que o espírito persevera *alienado da própria exterioridade*[365] e se contrai para o vazio da essência formal. Esta zona ontológica corresponde *ao espaço e ao tempo da loucura*. O outro de si, a intempestividade do corpo, obriga o espírito a experimentar a falta de liberdade, "o mal" (*das Böse*), o transtorno (*Zerrüttung*) e a infelicidade (*Unglück*), donde acorda (*erwachen*), por obra do juízo primordial (*Urteil in sich*[366]) – entre a posse de si e o génio natural –, *para a ética e para a moral*[367] (*moralischen Grundsätze*) com destino ao sentido (λογοϲ) do homem, enfim, ou afinal, para o *privilégio* (*Vorrecht*) da Filosofia.

O trabalho dialético do espírito, nesta sua relação imediata para resolver a contradição ontológica que experimenta, é de tal modo crítico que, para Žižek, "o verdadeiro ponto da 'loucura', não é o puro excesso da 'noite do mundo', mas a loucura da passagem

---

[364] Ibidem, § 382.

[365] Não cabe nos nossos planos, infelizmente, desenvolver o tema da temporalidade, no entanto, podemos deixar algumas questões que permitem sublinhar o carácter filosófico deste tópico na *Antropologia*: de que dor se trata quando Hegel se refere à *dor infinita*? Quando começa a temporalidade, na pletora da indeterminidade imediata do espírito? No começo do sentir, na sensação, ou quando pressente a dor? Por exemplo, se a alma senciente (*Selbstgefühl*) não quer "perder" a corporalidade, porque razão continua o *conceito* (*Begriff*) do espírito a trabalhar, idealizando e autoproduzindo-se? Tem, a liberdade, primazia ontológica sobre o prazer?

[366] Ibidem, § 407.

[367] Ibidem, § 408: "(...) der theoretischen oder moralischen Grundsätze über das Natürliche (...)". De referir ainda, no aditamento a este capítulo (408-Z), a constatação de que a conduta prática do homem provém do entendimento que agiu sobre o que sentimos e percebemos do mundo que nos rodeia: "Das Gefundene und Empfundene verwandele ich in Vorstellungen (...) die Tätigkeit meines Verstandes und meiner vernunft (...) meines praktischen Verhaltens". Ver ainda a nota explicativa de M. J. Petry em *Hegel's Philosophy of Subjective Spirit, Anthropology* (vol. II), 1978, p. 484, sobre a "educação do coração"; podemos encontrar esta tese no § 405.

para o simbólico mesmo, a imposição da ordem simbólica no caos da realidade"[368].

Hegel apresenta, desse modo, o mal como o contrário da verdade[369], a prisão do ser do espírito que expressa a impotência do *conceito*. O bloqueio da auto-realização: o sujeito afunda-se na profundidade (*Vertiefung*) de uma qualidade finita e paralisa a capacidade dialética do *conceito* do espírito que, bloqueado, não reúne os opostos e deixa viver, no seio da própria razão, a contradição (*Widerspruch*) pessoal.

Um psiquiatra, no início do século XX, refere-se a esta passagem na obra de Hegel: "a razão, a consciência e o espírito, são livres e não estão sujeitos à doença. É apenas na alma, que ainda é imediata, imersa na natureza, que ainda não é a mente, que a doença é possível"[370].

Hegel, na passagem original, naquela que é a tese clássica defendida por Pinel e que revolucionou conceções psiquiátricas, defendeu que, apesar da oposição causar "transtorno e infelicidade"[371], o sujeito *louco não perdeu totalmente a razão, possui em si uma extensão de racionalidade onde o verdadeiro tratamento psíquico deve atuar*[372]. Esta conclusão provoca uma reorientação na abordagem ao problema da "doença mental", então em voga e em expansão social e económica nas sociedades europeias: a racionalidade e a desordem mental podem reverter-se estimulando a naturalidade dos processos da razão; o estímulo da

---

[368] Žižek, S., "Cogito in the History of Madness", in *Less than nothing: Hegel and the shadow of dialectical materialism*, Verso, Londres, 2013, p. 331: "(....) the true point of 'madnesswich is not the pure excess of the 'night of the world', but the madness of the passage to the symbolic itself, of imposing a symbolic order onto the caos of the Real". Ver ainda a questão na p. 334: "How do we pass from the 'natural' to the 'symbolic' environment?".

[369] Hegel, G. W. F., *Enzyklopädie*, 2012, § 386.

[370] Fialko, N., "Hegel's view on mental derangement", in *Journal of abnormal and social psychology*, 1930, pp. 259-260: "Reason, consciousness, spirit, are free and are not subject to disease. It is only in the soul wich is still immediate, still immersed in its naturalness, wich is not yet mind, that disease is possible".

[371] Hegel, G. W. F., *Enzyklopädie*, 2012, § 408: "Zerrüttung und Unglück".

[372] Ibidem: "(...) Rest von Vernunft als die grundlage der Heilung (...)".

racionalidade remanescente é o que produz o restabelecimento da faculdade e é este que pode ser considerado terapêutico.

3.3.2.6. A felicidade do espírito: ser livre

Se a necessidade de conhecer é uma manifestação interior da liberdade, porque *conhecer liberta*[373], então, o movimento "dialético--negativo", a alma do gesto racional concetivo do pensar, é o gesto libertador por excelência porque é ele que conduz à *compreensão do desconhecido. Conhecer satisfaz e traz felicidade*[374]. Ora, sendo o trabalho do *conceito* construir os laços que medeiam o pensamento consigo próprio (caso da *Antropologia*) e com o mundo circunjacente (no caso da *Fenomenologia*), é ele o sujeito efetivador da *essência do espírito*.

A força da liberdade do espírito revela-se, por conseguinte, não apenas na realização de trabalho racional, mas muito especialmente na consciencialização da possibilidade de não-ser: "dizemos que alguém age livremente quando age de forma que poderia também *não* ter agido. Ser livre consiste num haver-se acerca desse *Não*, consiste na negatividade.(...) ser livre consiste antes de tudo e prontamente no relacionar-se com as possibilidades de si"[375], quer dizer, com a realidade de poder não ser.

---

[373] Mills, J., *The unconscious abyss, Hegel's antecipation of Psychoanalysis*, 2002, p. 25.

[374] Ibidem, p. 173: "(...) the unification of the Concept with its atuality, therefore Absolute Spirit, not only knows happiness,it is satisfied in its knowing".

[375] Redondo, M., *in* Kojève, A., *Introducción a la lectura de Hegel*, Ed. Trotta, Madrid, 2013, prólogo, p. 14: "Dicimos que alguien actúa libremente cuando actúa de forma que podría también No haber actuado. El ser libre consiste en un haberse acerca de esse No, consiste en negatividad. Y si atuar libremente consiste en atuar de forma que también podría no haberse actuado, el ser libre consiste ante todo y por de pronto en un haberse acerca de posibilidades de si. Traduzimos o segundo termo "haberse" por "relacionar-se com" porque é isso que o termo espanhol significa: perceber "o haver" (que há realmente) algo em si mesmo, ou seja, relacionar-se com a existência de algo; perceber, ter perceção de si, relacionar-se consigo.

Relacionar-se com todas as possibilidades de si próprio constitui o objetivo primeiro do Espírito a que Hegel alude nas introduções gerais ao Espírito Subjetivo: "conhece-te a ti mesmo"[376].

O tema da felicidade plena, no entanto, não se restringe apenas a alguma etapa específica do desenvolvimeto do espírito, ela é o alimento mesmo da dialética e, por conseguinte, da Filosofia. Segundo Bourgeois, "Hegel é um homem que quis ser feliz, ou seja, livre, e acreditou sê-lo na existência filosófica"[377].

Hegel já o tinha ensinado: *a liberdade do espírito não se actualiza separando-se do seu outro, mas compreendendo-o,* isto é, dignificando-o, refletindo sobre ele abraçando a sua natureza e *superando, desse modo, o momento abstrato,* unilateral e vazio, *em que o ser apenas é para-si, pondo dentro de si mesmo a diferença,* incorporando o seu outro, deixando-o habitar a mesma alma, *pois, a relação com a alteridade não só é possível como necessária*[378].

A transformação interior que o inunda quando o consegue, eleva-o a um nível superior de objetividade, causa satisfação e felicidade momentânea e faz com que o desejo "se renove perpetuamente a si mesmo em cada experiência de satisfação"[379].

---

[376] Hegel, G. W. F., *Enzyklopädie*, 2012, § 377: "Erkenne dich selbst".

[377] Bourgeois, B., *Encyclopédie des sciences philosophiques I*, 1979, p. 14.

[378] Hegel, G. W. F., *Enzyklopädie*, 2012, § 382-Z.

[379] Berthold-Bond, D., *Hegel's theory of Madness*, S.U.N.I. Press, Nova Iorque, 1995, p. 69: "(...) Hegel's vision of the ultimate unity of thought and being is described as a task wich must be perpetually renewed, just as desire perpetually renews itself in every experience of satisfaction".

3.3.2.7. A caminho de uma Filosofia da Psicologia. O inconsciente, a vontade e a consciência

Sabe-se que Hegel leccionou regularmente sobre o tópico da *Loucura* na Universidade de Heidelberg a partir de 1816. Dissertando em 1829 sobre a Filosofia da Medicina em Hegel, o médico K. Scheidler lamentou que a obra do filósofo, *marco da sua época em todos os campos da cultura, não tenha sido devidamente considerada pela Medicina*[380]. Para mais numa altura em que a medicina era dominada pelo "método de abordagem objectivista, anatomo-clínico, considerado o único científico porque permitia ao médico tratar o doente como um objeto"[381]; este é o modelo que depois foi transposto para a vida mental. Assim, aqueles que eram designados *doentes mentais* tornaram-se "um instrumento, uma coisa para o médico"[382], traço típico da tradição cartesiana e *específico do modelo médico subjacente à psiquiatria*[383] que, ao longo dos séculos XVIII e XIX, usou técnicas de cariz mecânico, nomeadamente o uso de drogas como o arsénio, a beladona, a cânfora ou o ópio, ou métodos *como a purga de sangue, a castração ou o uso de electricidade*[384]. Métodos que proliferaram ao longo do século XVIII e XIX numa dimensão violenta difícil de imaginar. Consideraram que "o comportamento deve ser entendido tendo como

---

[380] Scheidler, K. H., "Über das Vernhältis der Philosophie überhaupt und der Psychologie insbesondere zur Medicine", Minerva medica, 1, 1829, p. 245-246. Citado em Berthold-Bond, D., *Hegel's theory of Madness*, S.U.N.I. Press, Nova Iorque, 1995, p. 1; ver ainda Petry, *Hegel's Philosophy of Subjective Spirit, Introductions*, 1978, p. XLVIII.

[381] Postel, J., *Genèse de la psychiatry, les premiers écrits*, Institut Synthélabo pour le progress de la connaissance, Luisant, 1988, p. 17.

[382] Ibidem: "le malade mental, devient ainsi un instrument, une chose pour le médecin".

[383] Matthews, E., *Body-subjects and disordered minds: treating the whole person in psychiatry*, 2007, p. 20.

[384] Berthold-Bond, D., *Hegel's theory of Madness*, S.U.N.I. Press, Nova Iorque, 1995, p. 15.

base as leis da física e da química"[385]. Dentro desta visão, a desordem mental surge como "expressão para doença cerebral, [...] falha nos mecanismos do cérebro"[386].

Segundo N. Fialko, psiquiatra americano do início do século XX e um dos poucos que reportou a importância do sistema hegeliano na história das ciências da *psique*, "o sistema de Hegel contém, de facto, todas as ideias que a psiquiatria moderna desenvolveu; apresentou a sua visão na forma de uma ciência desenvolvida que constitui um pequeno departamento na sua enciclopédia filosófica"[387]. De facto, aprender nesse *enorme* "departamento" da subjetividade humana dota-nos de capacidade para entender o caráter misto da humanidade; podemos assim criar "uma teoria da Psicologia humana que integre os elementos inconscientes que pre-figuram as operações lógicas e intrapsíquicas do pensamento"[388]. Depois, percebendo que nestes processos o racional-dialético flui e concebe o si próprio individual consciente, chegamos à mesma conclusão que Hegel, que *tudo o que o espírito é, é ação de se conceber a si mesmo*.

Hegel "trouxe o irracional para o seu lugar legítimo no interior do pensamento"[389], justamente a zona psíquica *inconsciente*.

---

[385] Matthews, E., *Body-subjects and disordered minds: treating the whole person in psychiatry*, 2007, p. 21.

[386] Ibidem: "Mental illness then becomes just another expression for brain disease, a fault in the mechanisms of the brain".

[387] Fialko, N., "Hegel's view on mental derangement", in *Journal of abnormal and social psychology*, 1930, p. 263: "Hegel excluded from his philosophy all that is miraculous and supernatural; in this respect he went further than Kant himself. The system of Hegel contains, in fact, all the ideas that modern psychiatry has evolved; he has presented his views in the form of a fully developed science wich constitutes a small department in his philosophical encyclopedia".

[388] Mills, J., *The unconscious abyss, Hegel's antecipation of Psychoanalysis*, 2002, p. 3: "(...) the Concept as individual personality may be said to present a theory of human psychology with unconscious elements always prefiguring intrapsychic and logical operations of though".

[389] Young, W., *Hegel's dialectical method, it's origins and religious significance*, 1972, p. 14: "Hegel's irrationalism consists of the bringing of the irrational to its rightful place within thought (...)".

A psicanálise[390], nesta perspetiva, consiste na análise, não de uma "zona" material, alguma "vivência recalcada" ou uma "interpretação" patológica, mas na compreensão da *dinâmica ontológica, interativa da vida psíquica presente*[391], que é a vida da consciência já originariamente habitada pelas pulsões do fosso inconsciente. Didaticamente, observamos que a *psique* é um composto do (1)que nasceu da subjetividade do espírito e virá a ser consciência racional, "com" (2) as *qualidades naturais*[392] que vivem no "nível mais primitivo da individuação ou perceção subjetiva de si"[393].

Este ponto tem como objetivo introduzir a análise da vida psíquica, como psicanálise, a partir do que Hegel estudou: a presença do inconsciente pulsional no desenrolamento do espírito. Mostra também, em traços gerais, uma corrente que se difundiu ao longo de todo o século XIX, conhecida como *filosofia da vontade*, e a sua congénere cultural, uma das mais importantes da cultura europeia, o Romantismo[394] alemão, integrantes filosóficos da tese psicanalítica que encontramos no século XX.

---

[390] Podemos ler "Psicanálise" como "análise da psique". Sendo a "psique", na leitura hegeliana, a vida da alma, ou seja, o estádio dialético em que o espírito está conetado à natureza, no fundo, a conformação ontológica antropológica por excelência. A Psicanálise é, assim, a análise feita ao estado "anímico" de alguém, à relação íntima do sujeito consigo mesmo. É o que encontramos na *Anthropologia*. Ver Mills, *The unconscious abyss, Hegel's antecipation of Psychoanalysis*, 2002, p. 125: para Freud é a "ciência da vida da alma" (Die Wissenschaft von Seelenleben).

[391] Mills, J., *The unconscious abyss, Hegel's antecipation of Psychoanalysis*, 2002, pp. 125 e seguintes.

[392] Hegel, G. W. F., *Enzyklopädie*, 2012, § 390-Z: "ihre natüralichen Qualitäten".

[393] Christensen, D., *Hegel's Phenomenological Analysis and Freud's Psychoanalysis*, 1968, p. 360: " (...)'natural self of self-feeling' belongs to the most primitive level of individuation or self awareness".

[394] É um movimento cultural que nasce no final do século XVIII, inundou todos os campos da cultura – literatura e poesia (Goethe, Hölderlin), música (Beethoven, Brahms), filosofia e artes plásticas – e teve como principais fundadores os irmãos Schlegel (August e Friedrich), Novalis, Tieck, Schelling e Schleiermacher que, reunidos à volta da revista *Atheanum*, contestaram a rigidez do pensamento racionalista que dominava o Iluminismo e explicava o Cosmos em termos mecanicistas. Contra esta visão, afirmaram a infinita liberdade que subjaz à Natureza e ao natural humano. Para um esclarecimento aprofundado sobre o tema, ver Álvarez, F., *Veredas del espíritu:*

O tópico que despoletou esta corrente residia na perceção que os intelectuais da época tiveram, e deram a conhecer, sobre a Natureza de um modo geral, e sobre a constituição natural e instintiva do homem, de modo particular: *a natureza humana deixou de ser vista como um artefacto explicado pelas leis mecânicas de Newton e passou a ser compreendida como um organismo autónomo que, dotado naturalmente de liberdade, eclode e desenvolve-se autonomamente*[395].

Em traços largos, em sintonia e complementaridade com a tese aqui exposta, que afirma a liberdade do ser humano e a irredutibilidade da vida mental às leis da causalidade mecanicista, este caudal filosófico fez sobressair a primazia da natureza instintiva: que esta *contém em si, de forma latente, a espiritualidade e a inteligência do sujeito*[396]. Nasceu quando David Hume (1711-1776), no seu "Diálogos sobre a religião natural" (1779), semeou a *dúvida de que a Natureza é uma totalidade acabada e subordinada a leis mecânicas fixas*[397]. Foi o passo decisivo para a ideia de *Natureza como organismo da Liberdade* (Schelling) e *da vontade* (Schopenhauer e Nietzsche), e culminou na Psicanálise como "ciência da vontade inconsciente"[398], ocupando-se esta, segundo Freud, da compreensão das *causas da atividade psíquica, as exigências corporais, isto é, os instintos*[399], e das *relações que estes têm com o Eu (ego), com o super-ego e com a realidade*[400].

---

de Hume a Freud, Ed. Herder Editorial, Barcelona, 2007, o texto de Gode-Von Aesch, A., *El Romanticismo alemán y las ciencias naturales*, Espasa Calpe, Buenos Aires, 1947 ou ainda Frank, M., *The philosophical foundations of early german romanticism*, S.U.N.I. Press, Nova Iorque, 2004.

[395] Alvarez, F., *Veredas del espíritu: de Hume a Freud*, 2007, pp. 13-15.

[396] Ibidem, p. 113.

[397] Ibidem, p. 25. O título original é "A Treatise of human nature: being an attempt to introduce the experimental method of reasoning into moral subjects" e foi publicado pela primeira vez em 1779.

[398] Ibidem, p. 19.

[399] Freud, S., *Esquema del Psicoanálisis*, Debate Editorial, Madrid, 1998, p. 30.

[400] Ibidem, pp. 23-27.

Nesta profundidade metafísica surge a *nova conceção do ser* iniciada por Schelling[401] e acompanhada por Hegel, trata-se da "transição de uma 'metafísica do ser' para uma 'metafísica da vontade"[402]. Nela afirma-se a dimensão vital, pulsional, da existência humana, o "querer escondido, que move a Natureza toda, a consciência humana e a história"[403].

Esta torrente filosófica enfatiza a primazia da natureza originária do homem, a natureza natural que, apesar de não ser a dimensão determinante da dialética da efetivação da essência[404] do espírito hegeliano[405], Hegel não a rejeita, pelo contrário, atribui-lhe responsabilidade antropológica determinante. Sem o corpo, o espírito é vazio, facto evidente na ausência de conciliação íntima, exatamente na *loucura*. A *Antropologia* revela justamente a força e a potência espiritual do "outro" do espírito, "o mundo onírico, a Natureza, os sonhos, os símbolos, o mitológico"[406], portanto, a importância decisiva do corpo na arqueologia da nuvem psíquica.

---

[401] Alvarez, F., *Veredas del espíritu: de Hume a Freud*, 2007, p. 101. É determinante para a compreensão da filosofia da vontade que desagua finalmente na Psicanálise do século XX. Schelling foi o seu fundador. Por infelicidade, não cabe neste trabalho. Lembro-o, não apenas pela amizade que o ligou a Hegel, mas pela força intelectual com que impulsionou esta torrente da cultura europeia.

[402] Ibidem, p. 20.

[403] Ibidem, p. 22.

[404] *Wesen*: a palavra é usada como essência; é de realçar que a lígua alemã a usa no pretérito perfeito, no pretérito perfeito composto e no pretérito mais-que-perfeito, do verbo ser: "eu fui / fora" (ich bin gewesen) ou "eu tenho sido" (*ich war gewesen*); tem uma significação próxima do passado ontológico da efetivação real do Ser (Sein).

[405] A primazia ontológica está no espírito [*der Geist* (...) *absolute Prius*]: a transição da natureza para o espírito é, no fundo, a passagem para a verdade da racionalidade humana. Veja-se § 389-Z (NR): "(...) dieses Uebergehen der Natur zum geist ihr Uebergehen ist zu ihrer Wahrheit (...)".

[406] Álvarez, F., *Schelling, el sistema de la libertad*, Herder Editorial, Barcelona, 2004, pp. 22-23: "al mismo tiempo que se desarrolla el pensamiento idealista, se da en toda a Europa el Romanticismo (...) no es un movimiento reactivo frente al Idealismo (...) reivindicando todo lo que deja de lado: el mundo onírico, la Naturaleza, los sueños, los símbolos, lo mitológico (...) tienen puntos de convergencia y puntos de unión (...)" .

Esta ideia de uma harmonia entre o natural desejante e o racional compreensivo é a região do fascínio que Hegel sentia pela filosofia da Grécia clássica, sentimento, que *assentava sobretudo no facto desta compreender os homens como seres simultaneamente naturais e espirituais e, nessa harmonia originária, livres e felizes*[407].

Referindo-se desse modo, Hegel, ao abismo que funda o *espírito natural* (alma), "cada indivíduo constitui uma infinita abundância de sensações definidas, representações, conhecimentos, pensamentos, etc; ainda assim, o Eu é completamente indivisível, um poço indeterminado onde tudo se deposita sem existir"[408]. Mostra assim que cada indivíduo não se resume ao visível concretizado ali, tangível e consciente. Cada sujeito superou, conservou (*Aufhebung*) e integrou na hierarquia ontológica, no íntimo psíquico, ao longo da cadeia que mediou o trabalho auto-concetivo do espírito, uma pletora de determinações primordiais – afeções, humores, anseios, paixões e disposições naturais (*Anlagen*) como o "temperamento, caráter, talento, idiossincrasias"[409] –, reminiscências das quais, na maior parte do tempo, *não temos consciência*[410] e sobre as quais *não temos posse*[411] constante. Esta *primeira natureza*, a naturalidade corporal, é *"o outro"*[412] do espírito, o *inconsciente*.

---

[407] Pinkard, T., *Hegel's naturalism*, 2012, pp. 8-9.

[408] Hegel, G. W. F., *Enzyklopädie*, 2012, § 403: "Jedes Individuum ist ein unendlicher Reichtum von Empfindungsbestimmungen, Vorstellungen, Kenntnissen, Gedanken usf.; aber ich bin darum doch ein ganz Einfaches, – ein bestimmungen Schacht, im welchem alles dieses aufbewahrt ist, ohne zu existieren".

[409] Ibidem, § 405: "(...) Anlagen der Gestalt, Charakters, Talents, Idiosynkrasien (...)".

[410] Ibidem, § 403: "So kann der Mensch nie wissen, wie viele Kenntnisse er in der Tat in sich hat, sollte er sie gleich vergessen haben; - sie gehören nicht seiner Wirklichkeit, nicht seiner Subjektivität als solcher, sondern nur seinem an sich seienden Sein an".

[411] Ibidem: "Wir waren nicht in ihrem Besitz (...)".

[412] Pinkard, T., *Hegel's naturalism*, 2012, p. 20: "(...) it is when we properly rethink the nature of our own mindful agency, *Geist*, that we come to see nature as the 'other' of *Geist*. In Hegel's more dialectical terms, 'we' as natural creatures make ourselves distinct from nature". Hegel refere-se a esta vastidão inconsciente como *bewußtlos*. Toda a Filosofia subjacente à emergência da consciência, ao longo dos 25 capítulos

Sublinhemos que as afecções íntimas, que provocam a descoberta de si (sensações) do *espírito-natural, dependente da natureza*, porque são a marca instintiva do homem e representam a corporalização do espírito, estão num patamar ontológico superior ao da mera fisiologia da recepção de estímulos: "a corporalização das afecções interiores é o modo através do qual a alma é senciente para si – 'encontrando' essas determinações sob a forma de *Dasein* imediato do próprio corpo como 'o outro que está presente'. Mas, este 'outro' é, claro, o *Ser* substancial da própria alma, o seu 'lado escuro' em cujas determinações a alma é 'para si' subjetividade senciente"[413].

A elevação da Natureza a Espírito é já a manifestação viva do *acontecimento 'Espírito'* na sua essencial natureza e desvela o vínculo primordial da *liberdade do Espírito com as dimensões fundamentais da orgânica social e da História*[414]: a "antropologia transcendental [...] afirma que o nosso ser é fruto de um ato eterno de liberdade, e não o efeito do acaso ou da necessidade mecânica"[415]. O animal, lembremo--lo, preso à naturalidade mecanicista, é finito, e a sua *doença original é a inadequação à universalidade*[416].

(§§ 388-412) da *Antropologia* podem considerar-se já – embora o termo não seja usado por Hegel – uma Filosofia da Corporalidade na qual podemos usar a expressão *inconsciente corporal* para nos referirmos às pulsões ainda não conscientes, mas presentes. Precisamente, o que a Psicanálise fará ao longo de todo o século XX.

[413] Greene, M., *Hegel on the soul, a speculative Anthropology*, 1972, p. 100: "(...) the corporealization of the inner affections is the manner whereby the soul is for itself as sentient – as 'finding' those determinations in the form of an immediate dasein of its own body as the 'other that is present' (vorhandene Anderes). But this 'other' is of course the soul the soul itself in its substantial Being, the 'dark side' ofitself, in whose determiantions the soul is 'for itself' as sentient subjectivity".

[414] Alvarez, F., *Veredas del espíritu: de Hume a Freud*, 2007, p. 14, "(...) conexión interna entre Naturaleza y libertad, entender la terrible ligazón que entre la Naturaleza y lo social se llevó a cabo en el siglo XIX, cuya herencia pervive hasta el momento atual".

[415] Ibidem, pp. 142-143: "(...) una antropología transcendental que afirma que nuestro ser es fruto de un ato eterno de libertad, y no el efecto del azar o de la necessidad mecánica o empírica (...)".

[416] Hegel, G. W. F., *Enzyklopädie*, 2012, § 375.

O espírito hegeliano revela-se, não apenas como razão imediata que devirá absoluta e sempre formal, mas uma razão corporalizada – com tudo o que o termo carrega – que, experimentando a loucura da finitude, se compreende a si mesma, conhece-se[417] e concebe-se no seio desta intempestividade natural como homem, projecta-se no mundo – não nos esqueçamos que "na vida ética reflexiva, reconhecemos como justas as normas existentes no mundo à nossa volta, mas não nos dispomos a elas conscientemente simplesmente porque existem, mas porque são manifestações da nossa essência e a substância da liberdade"[418] –, edifica comunidades e faz História, propriamente, o que observaremos no espírito objetivo e absoluto: "a História, como tal, emerge quando a liberdade humana faz a sua aparição acima da Natureza, na forma da consciência de si mesma, no homem"[419]. Quer dizer, a História começa logo com o nascimento do espírito, ou ainda, ela é a História do Espírito.

A região inconsciente, sendo desconhecida, isto é invisível, não tangível ou verificada cientificamente, mas ainda assim humana, torna-se uma zona psicológica especial, o alvo que a psicanálise quererá explorar; especificamente a relação entre a energia do inconsciente psíquico e as suas manifestações conscientes, exatamente o que a ontologia antropológica da *Enciclopédia* faz perceber: "contrariamente aos processos formativos do mundo físico, os estágios do desenvolvimento mental não 'ficam para trás como se fossem existências particulares', mas são preservados como 'momentos' num estágio superior, [...] portanto, não se pode dizer que a transição da

---

[417] Ibidem, § 377: "Erkenne dich selbst, dies absolute Gebot (...)".

[418] Lewis, T. A., *Habit, reflection and freedom: from Anthropology to ethics in Hegel*, 1999, p. 174.

[419] Álvarez, F., *Schelling, el sistema de la libertad*, 2004, p. 85: "La História, como tal, emerge cuando la libertad humana hace su aparición en cima de la Naturaleza, en la forma de la conciencia de sí misma, en el hombre".

natureza para o espírito seja uma passagem de 'algo' para 'outro', mas um retorno do espírito a si"[420].

Para aceder àquela província psíquica, o inconsciente, foi introduzida a hipnose, conhecida desde Schelling como *sono magnético*[421], empregada clinicamente por Freud para "desbloquear o comportamento consciente que age devido a trauma, e com ela facilitar a manifestação do inconsciente como via terapêutica"[422]. Assim, através de uma terapia baseada na linguagem (no divã), leia-se *na racionalização de si*, Freud estimulava no paciente a associação livre de ideias e pensamentos, isto é, tornava o trauma psíquico consciente, promovendo a cura; é o que encontramos, no trecho antropológico do espírito subjetivo hegeliano: experimentando a loucura da contradição intra-psíquica, o trabalho concetivo do espírito unifica os opostos desse conflito num todo *consciente-inconsciente*, e eleva-os à verdade da sua unidade, a consciência (*Bewußtsein*).

Esta "laboriosa dinâmica" concetiva a que Mills se refere, o trabalho concetivo da essência do espírito, longe de fazer cálculo mecânico, engloba num todo o racional humano e o *irracional, o inconsciente*[423]. De acordo com a interpretação de Žižek, com a qual concordamos, *o espírito não domina simples e diretamente a sua "matéria base", ou seja, o corpo, os processos biológicos*[424]; estes, a corporalidade das sensações e

---

[420] Greene, M., *Hegel on the soul, a speculative Anthropology*, 1972, p. 42: "(...) unlike the process or formation in the physical realm, the stages of mental development do not 'remain behind as particular existences' but are sublated as 'moments' in the higher stage (...) the transition from nature to Spirit is no passing over of a 'something' to an 'other' but a return of Spirit to itself".

[421] Alvarez, F., *Veredas del espíritu: de Hume a Freud*, 2007, p. 263.

[422] Ibidem, p. 264.

[423] Ibidem, p. 193.

[424] Žižek, S., "Cogito in the History of Madness", in *Less than nothing: Hegel and the shadow of dialectical materialism*, Verso, Londres, 2013, p. 346.

dos sentimentos, as disposições naturais, "permanecem para sempre como hábito pré-simbólico (pré-linguístico)"[425], quer dizer, *inconsciente*.

A ideia compartilhada por D. Berthold-Bond e por Jon Mills[426], de que Hegel, através da sua Filosofia do espírito – "a sua metapsicologia"[427] –, antecipou a Psicanálise, faz todo o sentido, não apenas porque expõe a arqueologia da consciência *e* a da inconsciência, porque mostra a sua íntima e necessária associação e inter-dependência genética, mas principalmente porque demonstra que a *loucura* habita as mesmas estruturas e se move nos mesmos circuitos dialéticos que a racionalidade. Dito de outro modo, o inconsciente irracional e a desordem mental habitam as mesmas estruturas ontológicas que a razão "normal": cada indivíduo habita constitutivamente "com" o negativo de si mesmo.

Estas deduções levam a uma outra conclusão ainda, que *todos os sujeitos* (excepto os que sofrem de doenças do foro orgânico, isto é, neurológico) *têm, no seu interior, como essência, a possibilidade da auto--superação*[428], quer dizer, a capacidade para ultrapassar o estágio de rutura interior, ou *loucura*, numa ação concetiva onde o espírito se actualiza numa configuração ontológica mais adequada ao seu *conceito*, portanto, mais genuína, verdadeira. Mais livre.

De acordo com Fialko, o sujeito, pessoa ou personalidade, "resulta do desenvolvimento interno da totalidade dos sentimentos quando luta para discernir, em si, as próprias determinações e se elevar para

---

[425] Ibidem: "Spirit's 'material base' forever remains per-symbolic (pre-linguistic) habit".

[426] Mills, J., *The unconscious abyss, Hegel's antecipation of Psychoanalysis*, 2002, p. 2: "(…) he anticipated much of what psychoanalysis was later to make more inteligible".

[427] Ibidem, p. X: "(…) his metapsychology – mainly represented by his anthropological and psychological treatment of subjective spirit".

[428] Berthold-Bond, D., *Hegel's theory of Madness*, S.U.N.I. Press, Nova Iorque, 1995, p. 83: (…) both despair andf madness are states wich in principle contain the seeds of theis own self-overcoming and point beyond themselves towards the possibility of recovery".

um plano superior do juízo da sua identidade em si mesmo"[429]; por isso, nas palavras deste psiquiatra, "a teoria de Hegel da insanidade mental é completa"[430], precisamente porque não limita as explicações aos processos puramente mentais.

Na esfera psíquica, raíz da filosofia do espírito, a profundidade dialética atingida por Hegel alcança o mais primitivo e ontogenético do humano do homem, a *arché* (αρχη): a *universalidade psíquica*[431], aquilo que "não pode ser mudado pela História"[432] onde o homem assenta a sua futura dimensão moral, ética, política, artística, religiosa ou filosófica.

O irracional pulsional preserva-se. Acompanha o homem e está presente na eclosão, nele, da Filosofia, na absoluta liberdade do Espírito, e constitui a memória da "experiência originária de paz"[433] ou o lar dos "sentimentos arcaicos"[434]. Também podemos dizer que é a memória do outro de si. Salvou-o, salvando-se. Na verdade, isto também significa que preserva qualquer *outro*. No fundo, salva o mundo que, por sua vez lhe deu, e dá, existência.

A região da preservação do seu outro é o inconsciente psicanalítico. A câmara ontológica da paz para onde o espírito se retira e afunda quando perde o controlo sobre si é a zona alvo por excelência da psicanálise freudiana, a figura ontológica onde originariamente co-habitaram, sob a forma de unidade, a "razão e a natureza, o corpo e a mente, o pensamento e o sentimento, a consciência e a inconsciência"[435].

---

[429] Fialko, N., "Hegel's view on mental derangement", in *Journal of abnormal and social psychology*, 1930, p. 262.

[430] Ibidem.

[431] Mills, J., *The unconscious abyss, Hegel's antecipation of Psychoanalysis*, 2002, p. 4.

[432] Lewis, T. A., *Habit, reflection and freedom: from Anthropology to ethics in Hegel*, 1999, p. 56.

[433] Mills, J., *The unconscious abyss, Hegel's antecipation of Psychoanalysis*, 2002, p. 161.

[434] Berthold-Bond, D., *Hegel's theory of Madness*, S.U.N.I. Press, Nova Iorque, 1995, p. 40.

[435] Ibidem.

Os processos desta região da vida mental, quase imperceptível, são "as atividades mentais provenientes da sensualidade e constituem, talvez, a organização mais arcaica dos processos inconscientes"[436]. Compõem e fundam os primeiros processos da dialética; neles, a racionalidade começa a germinar. Mais, mantêm-se para sempre como substância universal, âmago do *inconsciente*, no entender de Hegel, "inseparável do Eu"[437].

Para o filósofo, aquela conformação onde reina a harmonia psicológica, forma psíquica da totalidade das sensações é o ventre da *consciência racional*[438]. No entanto, não tendo ainda feito uma atualização psíquica é uma fase imatura. Está isenta de mundo: é formal e *vazia*[439]. Por isso, é uma configuração psicológica predisposta para a ansiedade e para a dor, ambiente propício para a germinação de perturbação mental.

Na verdade, "Hegel antecipa a ênfase que Freud atribui à fonte somática e à organização corporal como constituindo os estímulos sensoriais que determinam os impulsos pessoais"[440]. Arqueologicamente, sublinhemos, a consciência humana, quer dizer, o Eu, já é sempre tensão, precisamente porque possui desde a origem, misturados numa totalidade sensível, *as determinações do corpo e as do espírito*[441], mónada que arvora, não apenas o berço da vontade e da memória, mas

---

[436] Mills, J., *The unconscious abyss, Hegel's antecipation of Psychoanalysis*, 2002, p. 76.

[437] Hegel, G. W. F., *Enzyklopädie*, 2012, § 400: "(...) Alles ist der Empfindung (...) konkreten Ich Ungetrennte (...)".

[438] Ibidem: "Als ist in der Empfindung und, wenn man will, alles, was im geistigen Bewußtsein und inder Vernunft hervortritt, hat seine Quelle und Ursprung in derselben".

[439] Ibidem, § 406: "Das Gefühlsleben (...) formelle Wissen (...) Form der Unmittelbarkeit (...)".

[440] Mills, J., *The unconscious abyss, Hegel's antecipation of Psychoanalysis*, 2002, p. 76: "Once again, Hegel anticipates Freud's emphasis on the somatic source and organization of the body as the sensory stimulus behind drives". Ver ainda a página 83: "Hegel is nevertheless attempting to articulate a primal ground of the psyche that has its origins in the somatic organizations that constitute the basis structures of subjectivity ".

[441] Hegel, G. W. F., *Enzyklopädie*, 2012, § 400.

também o casulo que serve de prisão ao espírito *na regressão e clausura psicopatológica*[442]. É neste estágio, diz Mills, que "Hegel situa a lei do coração ou disposição. A alma senciente inconsciente é o assento do espírito subjetivo e contém a essência da humanidade incluindo o gérmen da psicopatologia"[443].

3.3.2.8. A Filosofia do núcleo psicótico

A dinâmica da nuvem psíquica, já vimos, tanto pode evoluir para formas superiores de humanidade, adequadas à verdade do espírito, como sofrer contração e *inverter-se dialeticamente*[444], isto é, regredir de uma conformação onde se possui já efetivamente para o casulo *indiferenciado dos sentimentos*[445], aquele mundo interior onde a alma se *refugia da dor experimentada na relação com o mundo*[446], e onde se afunda no vazio do *abismo psicótico*[447].

Despojado de mundo exterior, que recusou e do qual fugiu, o sujeito, frágil, está agora suscetível às *ilusões* nascidas do único que "tem". o mundo interior da subjetividade estagnada onde vive a ilusão da falsa objetividade. Está submergido na "má subjetividade". Abandonou o projeto existencial da realização da sua verdade. Desistiu da sua *Ideia*. Está agora habitado pelo *medo, pela ansiedade e*

---

[442] Mills, J., *The unconscious abyss, Hegel's antecipation of Psychoanalysis*, 2002, p. 168: "Psychopathology is a closure of spirit (...)".

[443] Ibidem, p. 162: "The unconscious feeling soul where Hegel situates the law of the 'heart or disposition.' The unconscious feeling soul is the seat of subjective spirit and contains within it the essence of humankind including the germ of psychopathology".

[444] Ibidem, p. 164.

[445] Hegel, G. W. F., *Enzyklopädie*, 2012, § 406.

[446] Berthold-Bond, D., *Hegel's theory of Madness*, S.U.N.I. Press, Nova Iorque, 1995, p. 41.

[447] Mills, J., *The unconscious abyss, Hegel's antecipation of Psychoanalysis*, 2002, p. 164.

pelo desespero, sentimentos que constituem exatamente a "anatomia neurótica do espírito"[448].

Não são os outros ou os factos opostos à racionalidade ou moralidade que constituem ou implantam na arquitetura psíquica a desordem mental, mas sim, a oposição ativa, no seio do próprio indivíduo resultante, quer da auto-relação, quer de problemas do mundo vivido que atingiram essa profundidade sentimental e, portanto, a auto-relação: são as disposições e tendências impulsivas que, no "senciente" *que se descobre a si mesmo*[449], *se opõem ativamente à consciência racional*; não são os erros e as limitações intelectuais que instalam a *loucura*, mas por exemplo o apego a ideias irrealizáveis, o *desfazamento*[450] relativamente à realidade ou ideias de caráter unilateral sem mediação racional, isto é, apresentações subjetivas "desconectadas da atualidade"[451], delírios que passam a ser *tidos pelo indivíduo como sendo, ou tendo, existência objetiva*[452]. Mas a raiz do conflito, já o dissemos, é o bloqueio da razão

---

[448] Ibidem, pp. 169-170: "(...) the neurotic anatomy of spirit and psychotic disposition that defines madness (...) anxiety, despair, and existencial suffering (...)".

[449] Hegel, G. W. F., *Enzyklopädie*, 2012, § 408-Z: "Das in der Verrücktheit ertragene Negative ist also ein solches, in welchem nur das empfindende, nicht aber das verständige und vernünflige Bewußtsein sich wiederfindet".

[450] Ibidem: "(...) Wirklichkeit in Zwiespalt (...)".

[451] Ibidem: "(...) Wirklichkeit abgerissenen (...)".

[452] Ibidem: "Verrücktheit (...) der Mensch seine nur subjektive Vorstellung als objektiv sich gegenwärtig zu haben glaubt und gegen die mit derselben in Widerspruch stehende wirkliche Objektivität festhält". Esta tese, que revela o génio visionário de Hegel, foi adoptada na contemporaneidade como "Exame do estado mental" e procura fazer o diagnóstico de desordem mental mostrando o que está no cerne da psicopatologia é o desfazamento entre a perceção do que é subjetivo daquilo que na verdade é objetivo. Ver Mills, J., *The unconscious abyss, Hegel's antecipation of Psychoanalysis*, 2002, p. 171. Encontramos referência a essa técnica justamente no aditamento a este capítulo: "Wenn daher jemand Verrücktes spricht, so ist immer das Erste dies, daß man ihn na den ganzen Umfang seiner Verhältnisse, na seiner konkrete Wirklichkeit erinnert. Hält er dann, oleich also jener objektive Zusammenhang vor seine Vorstellung gebracht ist und von ihm gewußt wird, nichtsdestoweniger na seiner falschen Vorstellung fest, so unterliegt das Verrücktsein eines solchen Menschen keinem Zweifel". De referir ainda que na abordagem à terapia da loucura, Hegel sugere exatamente isso, que o indivíduo em sofrimento deverá ser conduzido pelo terapeuta a conseguir distinguir o que é subjetivo do que é objetivo: "Indem der Verrückte den ihn Behandelnden

pois, a loucura e a desordem mental que daí pode resultar não são fenómenos exteriores, antes *habitam o coração do cogito*[453].

O artigo de Darrel Christensen, "Hegel's Phenomenological analysis and Freud Psychoanalysis", concretiza precisamente o paralelismo psicanalítico entre o filósofo e o psicanalista[454] e, noutra dimensão, esclarece a profundidade filosófica deste tópico das tendências impulsivas da naturalidade corporal.

Referindo-se, Freud, às qualidades impulsivas que resistem à racionalidade, designou-as por *carga (catexia) da líbido*[455]: conteúdos sexuais específicos, determinações que "pertencem ao nível da atividade inconsciente"[456]; segundo ele, essas cargas podem ser *conteúdos sexuais reprimidos que persistem no inconsciente e usurpam para si o domínio da consciência, portanto, do agir do sujeito, causando desordem neurótica*[457]. O paralelismo com Hegel é evidente, e esta tese, *nuclear para a psicanálise*[458], demonstra o papel do génio das pulsões inconscientes na *quebra do controlo da razão*.

Segundo Hegel, quando aquela *particularidade subjetiva*[459] se apropria da função da consciência "o espírito fracassa na manutenção do controlo de si mesmo, pois, perdendo o controlo do elemento da alma que lhe pertence, afunda-se na forma corporal do psiquismo e

---

achten lernt, bekommt er die Fähigkeit, seiner mit der Objektivität in Widerspruch befindlichen Subjektivität Gewalt anzutun".

[453] Žižek, S., "Cogito in the History of Madness", in *Less than nothing: Hegel and the shadow of dialectical materialism*, Verso, Londres, 2013, p. 333.

[454] Christensen, D., *Hegel's Phenomenological Analysis and Freud's Psychoanalysis*, 1968, p. 361.

[455] Ibidem.

[456] Ibidem, p. 360.

[457] Ibidem, p. 361.

[458] Fialko, N., "Hegel's view on mental derangement", in *Journal of abnormal and social psychology*, 1930, p. 262: "(...) he distinguished between organic and inorganic cases, between congenital and acquired, and also between curable and incurable conditions".

[459] Quando falo em "subjetividade" refiro-me ao início da racionalidade, à personalidade agente de si mesmo do espírito. O termo "subjetivo" refere-se ao natural instintivo.

abandona a relação com o mundo atual que, para o espírito saudável, é essencial e objetivo"[460].

3.3.2.9. Classificação hegeliana das desordens mentais

Ainda que a evolução das formas e figurações ontológicas da consciência humana – as manifestações do espírito na relação com o mundo exterior – sejam objeto da *Fenomenologia* e nela o filósofo estude, por exemplo, a *doença da bela alma* e a sua congénere *hipocondria*, caracterizadas como patologias onde o sujeito, preso a ideais, se *desviou das condições do agir no mundo*[461] e se reduziu a uma (in) existência abstrata afastada da realidade, é na *Antropologia* que Hegel identifica o gérmen, desvela a ontologia e constrói uma classificação[462] das desordens mentais.

Conhecendo, com Hegel, o caminho da criação da consciência, imediatamente percebemos a origem das constelações anormais do universo psíquico: torna-se, dessa maneira, possível para qualquer investigador *compreender as condições ontológicas da dor espiritual*[463].

Duas teorias antagónicas dominavam o pensamento europeu do século XIX sobre a etiologia da desordem mental. A escola somática defendia que *as desordens psíquicas tinham origem neurofisiológica, na*

---

[460] Hegel, G. W. F., *Enzyklopädie*, 2012, § 406-Z: "(...) die Funktion des lesteren anmßt und der Geist, indem er die Herrschaft über das zu ihm gehörige Seelenhafte verliert, seiner selbst nicht mächtig bleibt, sondern selber zur Form des Seelenhaften herabsinkt und damit das dem gesunden Geiste wesentliche objektive (...)". Trata-se de uma parte do corpo, uma região orgânica conetada à vida mental que passa a controlar o todo alma.

[461] Hegel, G. W. F., *Phenomenology of spirit*, Oxford University Press, E.U.A., 1977, p. 383 e seguintes. Ver Ferrer, *"Hegel e as patologias da ideia"*, 2005, p. 135: "A bela alma (...) retira a si mesma as condições da ação (...)".

[462] Apesar de ser excepcionalmente interessante este trabalho não tem espaço para fazer uma exposição das fontes que Hegel usou para construir a sua nosografia. No entanto, deixamos os principais nomes: J. Haslam, P. Pinel e J. Reil.

[463] Mills, J., *The unconscious abyss, Hegel's antecipation of Psychoanalysis*, 2002, p. 165.

anatomia cerebral[464], tese defendida pelo filósofo Christian Wolff que, na sua "Psychologia empirica" (1732), *enfatizava já* a *base fisiológica da Psicologia*[465]. A escola psíquica, por seu lado, considerava que a consciência, as intenções e a conduta humana não se podiam reduzir a processos orgânicos; para estes, as desordens do foro mental *pertencem à esfera psicológica*[466], donde, a adopção de *métodos terapêuticos psicológicos, independentes da fisiologia*[467].

Segundo Hegel, nem uma nem outra, isoladamente, conseguem compreender o que é a desordem mental[468]. Para chegar a entender o fenómeno da anormalidade psíquica é preciso elevar a análise compreensiva do espírito humano até ao pensamento especulativo, percorrer a dialética da *loucura* e construir uma "ontologia da psique"[469].

A classificação hegeliana das desordens mentais – que não vamos desenvolver porque nos focámos apenas na raiz dialética da base da desordem mental que é exatamente a fase psíquica da loucura – reflete a *vontade de reconciliar*[470] as teses dominantes da época: que a quebra na organização psíquica é um *misto corporal e espiritual*[471].

---

[464] Petry, M. J., *Hegel's Philosophy of Subjective Spirit, Anthropology* (vol. II), 1978, p. 578.

[465] Ibidem, *Introductions*, 1978, p. 146 (NE). Foi ele o fundador da conceção de que a mente é constituída por várias "faculdades" ou funções independentes umas das outras: atenção, perceção ou memória, por exemplo.

[466] Ibidem, *Anthropology* (vol. II), 1978, p. 579 (NE).

[467] Berthold-Bond, D., *Hegel's theory of Madness*, S.U.N.I. Press, Nova Iorque, 1995, pp. 15-16.

[468] Hegel, G. W. F., *Enzyklopädie*, 2012, § 387.

[469] Berthold-Bond, D., *Hegel's theory of Madness*, S.U.N.I. Press, Nova Iorque, 1995, p. 19: "For Freud no less than for Hegel, a full account of mental illness will require an ontology of the psyche (...)".

[470] Petry, M. J., *Hegel's Philosophy of Subjective Spirit, Antropology* (vol. II), 1978, p. 623 (NE).

[471] Hegel, *Enzyklopädie*, 2012, § 408-Z: "(..) die Verrücktheit wesentlich al seine zugleich geistige und leibliche Krankheit (...)". Hegel, *Enzyklopädie*, 2012, § 388: "(...) leiblicher Einzelheit außer sich seiende (...)". Ver ainda Russon, *The self and its body in Hegel's Phenomenology of Spirit*, 1997, p. 155. A relação psíquica é o misto espiritual/corporal, intervenientes principais no tema da loucura em Hegel.

Hegel elaborou uma classificação e apresentou-a num espetro nosológico que progride *dos casos predominantemente físicos* (neurológicos), *como o Cretinismo, até aos mais intelectuais*[472], e contém as mesmas formas que a nosografia de Pinel.

A importância da obra de Hegel, relativamente ao tema presente está em que alcançou a raiz *essencial* de todas as formas de desordem mental[473] tendo partido, *não de uma posição metafísica, mas de uma perspetiva meta-empírica, região donde deduziu o significado e o esquema conceptual dos dados clínicos*[474].

Levando em consideração a estrutura lógica da realidade que subjaz à organização psíquica, *construiu uma classificação dotada de estruturação dialética-racional do fenómeno loucura*[475]; levou em conta também a ação racional-sensorial da vida mental sobre a arquitetónica da consciência e a relação com o mundo.

A originalidade do filósofo alemão fica patente na conceção de que a *loucura*, base da desordem mental, não tem uma origem externa, nem é uma deformidade[476], antes é contradição no seio da própria razão e tem como símbolos determinantes, (1) o conflito entre o subjetivo e o objetivo e (2) o facto do *louco* não ter perdido totalmente a razão; tese que fez nascer a ideia revolucionária de uma cura que pudesse combinar os métodos clássicos físicos/fisiológicos com uma

---

[472] Petry, *Hegel's Philosophy of Subjective Spirit*, I, 1978, (I) p. lxi: "(...) progression from those wich are predominantely physical, such as cretinism, to highly intellectual cases involving moral and ethical idealism".

[473] Podemos usar a expressão "estado doente" do inglês "illness". Refere-se à condição pessoal vivida pelo indivíduo quando persevera na fase sub-consciente na qual experimenta a conexão com a naturalidade e está mais longe do caminho normal do desenvolvimento do espírito que é o "fazer-se a si mesmo". O vocábulo alemão para "doença" é "Krankheit".

[474] Bole, T., "John Brown, Hegel, and speculative Concepts in Medicine", Texas Reports on Biology and Medicine 32, 1, (1974), p. 292, citado em Berthold-Bond, D., *Hegel's theory of Madness*, S.U.N.I. Press, Nova Iorque, 1995, p. 23.

[475] Stederoth, D., *Hegel Philosophie des subjektives Geistes*, Akademie Verlag, Berlim, 2001, p. 240.

[476] Excepto para as doenças neurológicas, como já afirmámos.

terapêutica que privilegiasse a benevolência para com os afetados (o tratamento moral). Este é o método de Pinel e opõe-se ao que na época se defendia: a metodologia de caráter físico e *a prática neurológica*[477] fiel às leis biológicas e ao mecanicismo das ciências naturais que dominarão o modelo bio-psico-farmacológico da psiquiatria do século XX aqui denunciado.

3.3.2.10. As formas gerais da Loucura

Cabe agora apresentar, justamente, as três *possibilidades logico- -antropológicas da loucura*[478].

O interesse que Hegel tem pela *loucura*, sublinho, não está nas manifestações de cada indivíduo particular, ou seja, nas manifestações pessoais da desorganização mental, nos *conteúdos particulares*[479] ou, como o refere Berthold-Bond, *no museu dos sintomas externos*[480], mas na *forma universal* do "auto-afundamento"[481] do espírito.

Não estando cientificamente provadas de forma categórica as categorias nosológicas e nosográficas da psiquiatria oficial contemporânea, o direcionamento da investigação para a raiz antropológica pretende respeitar o sofrimento subjetivo, pessoal; aceita o que da condição clínica pertence ao domínio neurológico, mas outorga e reitera à própria essência humana a capacidade de auto-superação: consolida a ideia de que o ser, sendo naturalmente livre, pode (re)criar-se infinitamente.

---

[477] Petry, M. J., *Hegel's Philosophy of Subjective Spirit, Anthropology* (vol. II), 1978, p. 604.

[478] Berthold-Bond, D., *Hegel's theory of Madness*, S.U.N.I. Press, Nova Iorque, 1995, p. 20.

[479] Hegel, G. W. F., *Enzyklopädie*, 2012, § 408-Z: "(...) die besondere Arten des verrückten Zustandes (...) die philosophische Betrachtung nicht genüngen".

[480] Berthold-Bond, D., *Hegel's theory of Madness*, S.U.N.I. Press, Nova Iorque, 1995, pp. 39-40.

[481] Hegel, G. W. F., *Enzyklopädie*, 2012, § 408-Z: "Dies Insichversunkensein ist nun einerseits das Allgemeine (...) seiner Unbestimmtheit (...)".

Segundo Hegel, as figurações ontológicas que emergem do fundo psíquico irreconciliado consigo mesmo, isto é, as principais formas de desordem mental consequentes à instalação da *loucura*, são três.

A primeira, ou grupo I[482], refere-se à paralisação persistente da marcha normal do desenvolvimento racional que, estagnando no estádio de rutura interna torna o indivíduo incapaz de se compreender a si mesmo, à própria existência; fica preso no *vazio indeterminado*[483], subjetivo, da imediatidade sentimental e vive *totalmente absorto e afundado em si mesmo*; esta afetação aparece numa primeira e mais grave conformação, a *Imbecilidade (Blödsinn)*; o bloqueio mental característico desta figuração resultou de um defeito congénito que produz um *síndrome neurológico incurável*[484], o Cretinismo (*Kretinismus*), caracterizado por deformidades físicas e um atraso mental profundo. Menos grave, mas muito preocupante devido à *ausência mental, é o estado de absorção e afundamento* em si mesmo (*Zerstreutheit*), que "consiste na não perceção do ambiente circundante"[485]; a terceira conformação deste grupo de caráter congénito é o estado de *distração*[486] (*Faselei*) que se caracteriza por sujeitos desvinculados de si mesmos, muito agitados, repletos de ideias desconjuntadas, dispersas e subjetivas que julga serem verdades objetivas. São pessoas delirantes cujo défice orgânico extremo claramente aponta para terapêuticas neurológicas.

---

[482] Ibidem, § 408: "Der Blödsinn, die Zerstreutheit, die Faselei", ou seja, a Imbecilidade, o absorto em si mesmo e o distraído.

[483] Ser indeterminado significa não possuir subjetividade, autonomia, perceção, sentimento, memória ou consciência (ainda que imatura) de si.

[484] Fialko, N., "Hegel's view on mental derangement", in *Journal of abnormal and social psychology*, 1930, p. 265.

[485] Hegel, G. W. F., *Enzyklopädie*, 2012, § 408-Z: "(...) Nichtwissen von der unmittelbaren Gegenwart". Apesar do termo Zerstreuung significar "distração", Hegel refere-se-lhe como "submersão em si", melhor representada pelo termo "Vertiefung". Para aprofundar as diferenças semânticas, ver Petry, M. J., *Hegel's Philosophy of Subjective Spirit, Anthropology* (vol. II), 1978, p. 588 (NE).

[486] Ibidem, § 408-Z. Ver ainda, Pinel, P., "Traité médico-philosophique sur l'alienation mentale ou la manie", (1801), citado em Petry, M. J., *Hegel's Philosophy of Subjective Spirit, Anthropology*, (vol. II), 1978, p. 590 (NE).

O grupo II consiste na *Loucura propriamente dita* (*Narrheit*[487]). É a configuração genérica que, na contemporaneidade, corresponde à *neurose obsessiva*. Nela, o sujeito vive "insatisfeito com a realidade, e enclausura-se na subjetividade"[488] ficando "obcecado por uma apresentação subjetiva"[489], um "conteúdo específico"[490] que domina a sua consciência e, as suas ações expressam esse conteúdo pulsional. Nesta figuração, apesar de racional e consciente, a pessoa está como que enfeitiçada por uma ideia que o domina. Percebe que possui, em si, no íntimo da sua consciência, dois polos: um polo, racional, e uma particularidade instintiva que pertence ao "abismo"[491] do inconsciente, que não o deixa completar-se psiquicamente numa conformação estável. Esta é a forma de desorganização que tenho referido mais porque é a forma mais comum do quotidiano.

A terceira forma de *loucura* é a mais violenta. Consiste no grupo da *insanidade* e das *demências com muita atividade* (*Die Tollheit oder der Wahsinn*[492]). Em termos ontológicos, o indivíduo está afetado

---

[487] *Narrheit* é um termo conetado com *Narr* que significa bobo; aponta para a ideia de separação relativamente à realidade e para a noção de *Tolice*; é conhecida na contemporaneidade por *Neurose obcessiva*. Este grupo contém dois sub-tipos: (1)aquele que está cansado da vida (*Lebensüberdruß*) e lhe é indiferente e (2)o melancólico (*Die Melancholie*), triste com a vida, apresenta tendências suicidas.

[488] Ibidem: "(...) Mensch aus Unzufriedenheit mit der Wirklichkeit sich in seine Subjektivität verschließt".

[489] Ibidem: "(...) der Geist in einer einzelnen, bloß subjectiven Vorstellung (...)". Não se trata de uma consciência que se opõe a outra consciência, mas de uma particularidade onde a consciência se fixa. É o que Freud considera ser uma fixação "persistente e dominante" (ver Christensen, D., *Hegel's Phenomenological Analysis and Freud's Psychoanalysis*, 1968, p. 361).

[490] Ibidem: "(...) einen bestimmten Inhalt bekommt und dieser Inhalt zur fixen Vorstellung (...)". Ver também Berthold-Bond, D., *Hegel's theory of Madness*, S.U.N.I. Press, Nova Iorque, 1995, p. 20.

[491] Ibidem: "(...) in den Abgrund seiner Unbestimmtheit versunken ist".

[492] A palavra Tollheit semânticamente próxima da palavra Tollwut, raiva (dos cães), é o equivalente ao que os psiquiatras designam hoje por psicose. *Wahnsinn* corresponde ao anglo-saxónico *insanidade*; na nosologia psiquiátrica contemporânea designa a entidade esquizofrenia.

por *uma realidade que o desorganiza interiormente*[493] originando *rutura psíquica*[494], fenómeno originado na contradição dialética já estudada. Segundo Hegel, este rompimento consigo mesmo desenvolveu-se e deu nascimento a *dois centros de consciência*[495]. A nosografia psiquiátrica contemporânea tradu-lo nas descrições mentais mais graves: *mania*, *psicose* ou *esquizofrenia*. A excitação que caracteriza a existência sofrida e desequilibrada provém da luta íntima pelo controle e pela posse total sobre si.

Como constatamos, a contradição entre o subjetivo e o objetivo, que caracteriza a dialética antropológica é o que constitui a raíz da rutura da intimidade do espírito, o cerne ontológico, a *arché* (αρχη) da *Loucura*[496].

3.3.2.11. *Filosofia da cura. Esboço de uma Filosofia da Psicologia*

Não me refiro à Filosofia como prática clínica. No entanto, devido à evidente capacidade compreensiva da Filosofia, justifica-se claramente uma disciplina intitulada, "Filosofia da Psicologia". A ideia de "cura filosófica" é uma continuidade que dou ao que estudei e expús. É evidente que alguém mentalmente desordenado não se resolve a si mesmo instantâneamente. No entanto, a capacidade de penetração da linguagem filosófica, claramente, o guiaria. As conceções aqui defendidas vão no sentido universal já apresentado: o que reequilibra

---

[493] Ibidem: "(...) eine Verrückung der individuellen Welt (...)".

[494] Ibidem: "(...) gewaltsame Umkehrung (...)".

[495] Ibidem: "(...) das verrückte Subjekt selber den seinen Auseinandergerissensein in zwei sich gegenseitig widersprechende Weisen des Bewußtsein (...)". Segundo J. Mills, o centro subjetivo é o responsável pelos delírios que caracterizam as pessoas afectadas (*The unconscious abyss, Hegel's antecipation of Psychoanalysis*, 2002, p. 176).

[496] Petry, M. J., *Hegel's Philosophy of Subjective Spirit, Anthropology* (vol. II), 1978, pp. 592-593. Podemos definir esta *arqué* recorrendo e simplificando a ideia de "invariante" presente no texto de Berrios, *The history of mental symptoms: Descriptive psychopathology since the nineteenth century*, 1996, p. 11: *referente ontológico trans-epistémico*.

alguém mentalmente desorganizado e em sofrimento é o estímulo da sua capacidade racional-dialética. Isto vale para todas as culturas, lugares ou situações.

O que tem a Filosofia que ver com o mundo?[497]

A ideia da Filosofia como *cura da alma* é antiga; proveio das escolas helenistas gregas e romanas que concebiam o filósofo como "médico compassivo cuja arte pode curar muitos tipos de sofrimento humano"[498]. Consideravam eles que o indivíduo pode atingir o máximo florescimento, o máximo de humanidade, a felicidade, através do estudo filosófico; justamente através da transformação interior. Este fenómeno é uma realidade porque a reflexão a que a filosofia obriga reformula as crenças e os valores, e elimina as paixões e as conceções emocionalmente perturbadoras.

O estudo da filosofia pode, deste modo, desenvolver as capacidades humanas, a argumentação racional e a capacidade emocional, forma o si-próprio e *recria valores no caminho da felicidade*[499]. Epicuro, como exemplo da crença na autonomia pessoal, não aceitava que o destino estivesse traçado; para ele, é sempre possível transformar a interioridade e mudar de projeto pessoal. Aqueles filósofos diriam a Pinel e a Hegel que, sim, podemo-nos criar a qualquer momento. estes responderiam que a qualquer momento, sim, podemos *acender a faísca da consciência*. Daqui a noção de Filosofia como medicina da

---

[497] Nussbaum, M., *The therapy of desire, theory and practice in hellenistic ethics*, Princeton University Press, New Jersey, 1994, p. 6. Outra abordagem do mesmo género é formulada no texto de Haldane, J., *Practical Philosophy*, University of St. Andrews, Imprint Academic, Exeter, 2009, p. 103: "Wittgenstein was much exercised by the fact that the central problems of philosophy involve matters with wich we are, in an everyday sense, quite familiar".

[498] Ibidem, p. 3: "The Hellenistic philosophical schools (…) saw the philosopher as acompassionate physician whose artscould heal many pervasive types of human suffering".

[499] Cambridge companion to Arabic Philosophy, Cambridge University Press, Cambridge, 2005, p. 275. Para Abu Bakr al-Razi (841-926 d.C.) a formação individual fortalece a comunidade, facto, que demonstra o caráter teórico e prático da Filosofia.

alma: cura-a de transtornos como a ignorância e a ansiedade que nela fecunda, tal como um remédio cura o corpo.

Uma má formação interior forma juízos de valor deturpados sobre o mundo e, consequentemente, sofrimento, acontecimento que pode ser revertido aumentando a autonomia pessoal com a consequentemente melhoria da capacidade de escolha: uma pessoa formada compreende melhor a cada momento o contexto que vive, logo, tem maior possibilidade de fazer a opção correta – que não está pré-determinada anatómica, genética ou fisiologicamente – situando-se, provavelmente, na rota da felicidade, na *eudaimonia*, que Epicuro julga poder ser atingida pelo esforço, pela opção em agir desta ou daquela forma *consoante o que compreendeu da situação experimentada*[500].

Não são *práticas mágico-religiosas*[501], mas compreensão que apela à autonomização consciente do homem. Segundo os helenistas, "a validade lógica, a coerência intelectual e a verdade, libertam o indivíduo da tirania do costume e da convenção e criam uma comunidade de seres que se encarregam da própria história e do próprio pensamento"[502]. A Filosofia, nessa perspetiva é a "técnica do si próprio"[503]. Epicuro diz que "vazio é o argumento daquele filósofo, através do qual nenhum sofrimento humano é terapeuticamente tratado"[504]; na mesma perspetiva, Cícero diz que "há uma arte médica para a alma. É a Filosofia".

---

[500] Nussbaum, M., *The therapy of desire*, 1994, p. 15.

[501] Ibidem, p. 4 .

[502] Ibidem, p. 5.

[503] Ibidem.

[504] Epicuro, Us. 21=Porph. *Ad* Marc 31,p. 209, 23 N, citado em Nussbaum, M., *The therapy of desire, theory and practice in Hellenistic ethics*, 1994, p. 13: "Empty is that philosopher's argument by wich no human suffering is therapeutically treated". Ver por exemplo, na página 15 do texto de Nussbaum, a definição de Filosofia segudo o epicureanismo: "é uma atividade que assegura o fluorescimento da vida através de argumentos e raciocínios".

Para Hegel, de acordo com as notas das suas aulas[505], apesar de considerar que a desordem mental é uma afecção mista, "o tratamento principal é sempre o psíquico"[506], facto argumentado a partir da noção de que todos os desordenados mentais – à excepção dos do grupo I que, claramente, sofrem de um transtorno neurológico – "ainda são racionais, morais, capazes de se relacionarem, susceptíveis de imputação"[507]; por conseguinte, são passíveis de reequilíbrio: é possível *acender, neles, a centelha da vida da consciência*[508].

A favor da tese psíquica, tipicamente pineliana, e por oposição às técnicas físicas de caráter mecanicista, Lewis W. Beck afirma que "o tipo de predição levada a cabo pela psicologia mais profunda (ao contrário da neurologia) não é a predição causal prevalente nas ciências naturais"[509]; a "terapia dialética"[510] pode fazer despertar a centelha da consciência pela simples razão que "o si-próprio louco não consegue destruir completamente os traços da própria racionalidade"[511].

Dialeticamente, provoca a *adequação entre o conceito e a existência*[512] pela estimulação da vida do espírito, tese que testemunhamos no facto de que a vontade e o esforço empregues na *tentativa de enfrentar um obstáculo, a experiência de negação, estimula mecanismos biológicos*

---

[505] Hegel, G. W. F., *Enzyklopädie*, 2012, § 408-Z: "Die Hauptsache ist die psychische Behandlung (...)". Notas de Kehler e Griesheim (alunos de Hegel), citadas em Petry, *Hegel's Philosophy of Subjective Spirit*, 1978, II, p. 374.

[506] Ibidem. John Haslam, uma das principais fontes da teoria hegeliana da *Loucura* e figura da revolução psiquiátrica moderna, também o defende.

[507] Ibidem: "(...) immer vernünftige, moralische Menschen sind, die moralischer Verhältnisse, der Imputation (...)".

[508] Ibidem: "(...) der Funk der lebendigen Kraft (...)".

[509] Beck, L. W., *Conscious and unconscious motives*, Mind, n° 75, 1966, p. 179, citada em Christensen, D., *Hegel's Phenomenological Analysis and Freud's Psychoanalysis*, 1968, p. 356.

[510] Mills, J., *The unconscious abyss, Hegel's antecipation of Psychoanalysis*, 2002, p. 185. Ver também Berthold-Bond, D., *Hegel's theory of Madness*, S.U.N.I. Press, Nova Iorque, 1995, pp. 24-25.

[511] Berthold-Bond, D., *Hegel's theory of Madness*, S.U.N.I. Press, Nova Iorque, 1995, p. 82: "(...) the mad self cannot completely destroy the trace of its own rationality".

[512] Ferrer, D., "Hegel e as patologias da ideia", 2005, p. 155.

(naturais) de reparação[513]; sempre que alguém reflete sobre o seu próprio estado de padecimento *altera a percepção sobre si mesmo*[514] e sobre o contexto onde vive, torna-se mais atento e acaba por se aproximar do reequilíbrio pessoal.

Não se fiando nas técnicas físicas, como as drogas[515] ou a purga hemorrágica, Pinel sugeriu que "o sucesso da aplicação exclusiva do regime moral justifica a suposição de que, na maioria dos casos, não há lesão orgânica no cérebro ou no crânio"[516]. Coerentemente, Hegel afirmou que "mesmo na sua suprema desunião, divorciado da sua raíz ética, na sua mais completa contradição interior, o espírito ainda é livre, no sentido em que mantém a identidade própria"[517]. Esta é a chave de uma *Psicoterapia Dialética*: como o espírito já é sempre livre, para conseguir equilibrar ou pelo menos reformular conceções prejudiciais ao sujeito em sofrimento, o método é estimular a faculdade racional-compreensiva.

Pinel foi um psiquiatra revolucionário para a sua época pois "o território da medicina era um terreno de caça privado onde a caça

---

[513] Michela, M. e Parisoli, M., *Penser le corps*, 2002, p. 64.

[514] Nussbaum, M., *The therapy of desire, theory and practice in Hellenistic ethics*, 1994, p. 27.

[515] Petry, M. J., *Hegel's Philosophy of Subjective Spirit, Anthropology* (vol. II), 1978, p. 605 (NE): "arsenic, belladonna, camphor, digitalis, opium, vinegar; blisters, setons, blood-letting, purging, vomiting, castration, cold-bathing, electricity, hunger, the swing, journeys, music, etc. there was little point in attempting to elicita dialectical structure from such a state of affairs".

[516] Pinel, P., *Traité médico-philosophique sur l'aliénation mental* (1809), Ayer, 1976, p. 5, citado em Berthold-Bond, D., *Hegel's theory of Madness*, S.U.N.I. Press, Nova Iorque, 1995, p. 25. O termo "moral", próprio da época, refere-se ao que não é físico. Um "tratamento moral" é uma terapia que dá mais importância ao que é da região mental, o psicológico (Ver Postel, J., *Genèse de la psychiatry, les premiers écrits*, 1988, p. 190).

[517] Hegel, G. W. F., *Enzyklopädie*, 2012, § 382-Z: "Selbst in dieser seiner höchsten Entzweiung, indiesem sichlosreißen von der Wurzel seiner na sich seienden sittlichen Natur, in diesem vollsten Widerspruche mit sich selbst, bleibt daher der Geist doch mit sich identisch und daher frei". Ver também, no § 408-Z onde Hegel afirma que os loucos, apesar do sofrimento, possuem consciência objetiva que se manifesta muitas vezes na relação com o que/quem os rodeia: eles sabem distinguir o bem do mal.

pertencia aos accionistas, [...] aos confrades que aceitaram a lei do sistema eventualmente mascarado de sermão de Hipócrates"[518].

A matriz terapêutica, quer do alienista, quer do filósofo, assentava na ideia de que uma pessoa não fica totalmente desequilibrada como se sofresse uma transformação química tal como quando misturamos tinta azul com tinta amarela e obtemos uma massa totalmente verde irreversível; o louco e o insano – leia-se, o "neurótico obsessivo" e o "psicótico", correspondentes aos grupos II e III da nosografia de Hegel e aos grupos I/II e III na nosografia de Pinel – possuem "um resíduo de razão"[519] que pode ser excitado de modo a desbloquear a capacidade racional e restabelecer a fluidez psíquica, facto que reativa a marcha dialética normal da conceção do espírito. Gladys Swain também nos dá esse testemunho argumentativo sobre o método pineliano, que "a saída do louco para fora da sua loucura joga-se em primeiro lugar dentro de si mesmo e é na mobilização destes recursos interiores que se deve estabelecer a relação com o terapeuta"[520].

A razão deste procedimento está no facto de que a obstrução e a regressão dialética impedem a capacidade do *conceito* do espírito para se desenvolver e atingir a *verdade*, a *Ideia*, afundando-se, por conseguinte, na *finitude*[521]. Por conseguinte, a reanimação da faculdade compreensiva tem como objetivo principal reavivar a racionalidade e a possibilidade ética. O resultado em termos da vida psíquica é a

---

[518] Postel, J., *Genèse de la psychiatry, les premiers écrits*, 1988, p. 18: Le territoire de la médicine est une chasse gardée où le gibier appartient aux seuls actionnaires, aux seuls confrères qui ont accepté la loi du système éventuellement déguisé en serment d'Hippocrate (...)".

[519] Hegel, G. W. F., *Enzyklopädie*, 2012, § 408-Z: "Rest von Vernunft". Ver também Fialko, N., "Hegel's view on mental derangement", in *Journal of abnormal and social psychology*, 1930, p. 266.

[520] Swain, G., *La question dela naissance de la psychiatrie au début du XIXème siècle*, 1975, p. XIV.

[521] Hegel, G. W. F., *Enzyklopädie*, 2012, § 408-Z: "Dieses Endliche der bisherigen Sphären ist die Dialektik, sein Vergehen durch ein *Anderes* und in einem Anderem zu haben; der Geist (...) in sich selbst zu vollbringen".

fluidificação da particularidade "desarranjada" na totalidade racional e a sua incorporação na hierarquia ontológica. De sublinhar que esta tese já a defendia o filósofo na sua *Filosofia da Natureza* relativamente às doenças somáticas: que estas se instalam por falta de comunicação orgânica, fluidez, entre os orgãos; assim, e de modo equivalente, a terapia clássica da medicina, no fundo, *restabelece a fluidez do orgão particular afetado no interior do sistema todo que é o corpo*[522].

O núcleo da perspetiva hegeliana também no-la testemunha Richard Kroner: que a dialética é (e dá) a vida do espírito. Para este investigador o movimento da negatividade, tipicamente dialético, é "a fonte íntima de toda a atividade, do auto-movimento vivo do espírito, da alma dialética"[523], portanto, da vida psíquica. Também Fialko deu conta dessa conceção, a saber, da importância da terapia dialética e o testemunho de que a excitação da capacidade concetiva do espírito, por intermédio da reflexão, eleva conceções opostas conflituosas para um nível de significação humano mais elevado e com isso reequilibra o sujeito: "é um dos mais belos exemplos da aplicação do método dialético"[524]. Relembramos que quando alguém pensa sobre si mesma despoleta o processo de restabelecimento dialético-compreensivo que anima a razão. E, a ativação desta capacidade racional-negativa,

---

[522] Ibidem, § 373: "Das Helmittel (…) aufzuheben und die Flüssigkeit besonderen Organs oder Systems in das Ganze herzustellen".

[523] Hegel, G. W. F., *Hegel's Sience of logic* II, Londres, Georges Allen and Unwin lda., 1929, p. 477, traduzido por Johnston and Struthers, citado em Young, W, *Hegel's dialectical method, it´s origins and religious significance*, 1972, p. 11: "the simple point of negativity self-relation, the innermost source of all activity, of living and spiritual self--movement, the dialectic soul, wich all truth has in it and through wich it alone is truth".

[524] Fialko, N., "Hegel's view on mental derangement", in *Journal of abnormal and social psychology*, 1930, p. 255: "(…) it is a most beautifull example of the application of the dialectic method". De referir ainda, no § 408-Z, a antecipação à técnica psiquiátrica de avaliação do estado mental. Ver ainda Ferrer, D., *"Hegel e as patologias da ideia"*, 2005, p. 136: "(…) a superação do desespero, da infelicidade, da hipocrisia, da inexistência ou do terror (…) é um processo de cura, com alcance filosófico, cultural e também biográfico".

iniciada na reflexão, própria da dialética, vive no seio de cada um, por isso, exige *confiança no psicoterapeuta*[525].

A principal diferença entre Hegel e Freud está no facto de que para o filósofo, apesar do inconsciente estar presente e influenciar o sujeito, "as forças racionais têm prioridade e exercem mais força nas nossas vidas mentais do que as irracionais"[526]; daí que o apelo de Hegel seja dirigido à racionalidade, precisamente porque como os loucos "possuem alguma racionalidade, merecem ser tratados atenciosamente"[527] para ultrapassarem a desagregação e a crise íntima que fez nascer o sofrimento. Restabelecendo-se a fluidez dialética, o indivíduo recupera autonomia e *confiança*[528]; é "um processo de cura com alcance filosófico, cultural e também biográfico"[529]. De sublinhar que, tendo em consideração o foco deste método, Hegel *privilegia a cura através da conversação*, ironicamente, o *método que Freud desenvolverá*[530].

---

[525] Hegel, G. W. F., *Enzyklopädie*, 2012, § 408-Z: "(...) das Vertrauen (...) eine gerechte Autorität (...)". Ver também Butler, Seiler, *Hegel: the letters*, 1984, p. 407.

[526] Mills, J., *The unconscious abyss, Hegel's anticipation of Psychoanalysis*, 2002, p. 190: "Hegel (...) would ultimately say that conscious rational forces exert more priority over our mental lives than do unconscious irrational ones".

[527] Hegel, G. W. F., *Enzyklopädie*, 2012, § 408-Z: "(...) die Verrückten notwendig werdenden Strenge, immer bedenken, daß dieselben wegen ihrer noch nicht gänzlich zerstörten Vernünftigkeit eine rücksichtsvolle Behandlung verdienen".

[528] Berthold-Bond, D., *Hegel's theory of Madness*, S.U.N.I. Press, Nova Iorque, 1995, p. 78.

[529] Ferrer, D., "Hegel e as patologias da ideia", 2005, p. 136.

[530] Shott, H., in *L'ame au corps, arts et sciences 1793-1993*, 1993, pp. 151-152. Para Freud, os processos psíquicos que promovem a associação entre os sentidos e a memória, sem que alguma estrutura anatómica participe como intermediária, são as *associações linguageiras*; tema que o autor explorará, mais tarde, na interpretação dos sonhos como forma terapêutica. Como é que isso resulta? Promovendo no paciente uma auto-análise acrítica: o analisado é levado a analisar-se a si mesmo de modo a desfazer-se das associações negativas *que terá adotado ao longo da vida e que edificaram a sua personalidade doente*. Trata-se, no fundo, de refazer as redes de significação. De que consta este seu método? *Na retradução dos conteúdos psíquicos* inconscientes *para linguagem consciente* depurada dos tais significados prejudiciais.

Assim, a "Psicoterapia dialética"[531], o método de inspiração hegeliano aqui defendido, não é um conjunto de técnicas transcendentes com termos complexos; basta acompanhar a natureza do espírito desvelada acima: procuramos fazer com que o sujeito que queremos ajudar trabalhe e supere alguma ideia irracional que o assole e a integre na organização psíquica como conceito, por exemplo. O cerne está no reconhecimento de que a dialética é realmente a vitalidade da vida psíquica. O objetivo é: depois de realizada a conceção, o indivíduo em sofrimento adquira capacidade para construir princípios de agir, não apenas que o reequilibrem, mas com os quais planeje uma pragmática concordante com os objetivos pessoais de felicidade.

A dialética hegeliana não é, pois, um círculo fechado; concebe a abertura ontológica de modo que a essência do espírito renove a esperança da auto-realização. Uma forma de recuperar o equilíbrio psicológico e a vitalidade da vida da consciência está no trabalho[532] e nas relações com a comunidade, justamente porque projecta os indivíduos em sofrimento para o encontro com o mundo evitando que se isolem física e mentalmente que é o que acontece na regressão psíquica. O confronto com o mundo estimula os processos racionais-negativos que despertam a pessoa; com isto ficam reunidas as condições para o recomeço real da atividade racional e, pouco a pouco, a autonomia e a *revitalização ou recriação da consciência*[533]. Simultaneamente atingirá, primeiro, imediata e imperceptivelmente, liberdade, depois, mais cedo ou mais tarde, consciência dessa liberdade. Hegel refere-se a esta capacidade do espírito ao longo de toda a *Antropologia*. Vejamos como exemplo uma passagem, justamente na afirmação da força da

---

[531] Butler, C. e Seiler, C., *Hegel: the letters*, 1984, p. 406, aqui definido como a capacidade para incorporar o irracional num conceito racional.

[532] Hegel, G. W. F., *Enzyklopädie*, 2012, § 408-Z: "(…) durch die Arbeit werden sie aus ihrer kranken Subjektivität herausgerissen und zu dem Wirklichen hingetrieben".

[533] Berthold-Bond, D., *Hegel's theory of Madness*, S.U.N.I. Press, Nova Iorque, 1995, p. 125.

subjetividade: "o espírito só se sente totalmente acordado quando se depara com algo interessante, com algo que contenha novidade e significado, algo com um conteúdo compreensível, variado e coerente; a razão disso deve-se a que num objeto desses, o espírito redescobre-se a si mesmo"[534].

Temos, portanto, em nós, todas as ferramentas reconfiguradoras: o poder intrínseco da universalidade humana, a liberdade do espírito e a faculdade dialética que por sua vez trabalha quando o espírito não tem a liberdade bloqueada; a ação psíquica consta em recuperar a *teia de mediações*[535] que realizam o espírito humano no seu mundo, no fundo reativa a capacidade real para ser sujeito (de si).

A reanimação da capacidade dialética age na própria vida mental e diretamente na receção do mundo e na edificação das categorias ontológicas que orientam ética e moralmente cada pessoa: os princípios do agir. No fundo, regulam a forma como cada um se concebe e concebe o mundo.

Eis a metapsicologia hegeliana, que encontramos, não apenas na Lógica, mas ao longo de toda a *Enciclopédia*.

---

[534] Hegel, G. W. F., *Enzyklopädie*, 2012, § 398-Z: "Unser Geist fülht sich nur dann vollkommen wach, wenn ihm etwas Interessantes, etwas zugleich Neues und Gehaltvolles, etwas verständig in sich Unterschiedenes und Zusammenhängendes geboten wird; den in solchen Gegenstande finder er sich selber wieder".

[535] Ferreira, M., *Prefácios*, I.N.C.M., 1990, p. 135. Anotação de Manuel Ferreira.

CONCLUSÃO

Do tema trazido a debate, a *loucura* e a desordem mental, e da reflexão para a qual fomos atraídos, reavivámos uma conexão preciosa, a da Medicina com a Filosofia, facto especialmente testemunhado atualmente no *interesse mútuo dos filósofos pelos problemas médicos e dos médicos pelas questões filosóficas*[536]. Para Viktor Frankl, "a medicina enfrenta a tarefa de ampliar a sua função. Num período de crise como aquele que enfrentamos, os médicos devem cultivar a filosofia. A grande doença do nosso tempo é a carência de objetivos, o aborrecimento, a falta de sentido e de propósito"[537]. Segundo ele, é preciso reintroduzir *o conceito de espiritualidade*[538] – precisamente o que procurámos fazer neste trabalho com Hegel – pois "ninguém tem mais motivos que o médico para reconhecer a caducidade da matéria e a força do espírito. E, se não chega a convencer-se disto, a culpa não é da ciência, mas dele mesmo, pois não aprendeu o suficiente"[539].

A descrição do corpo humano e a sua organização anatomo-fisiológica, feita por um filósofo, Descartes, abriu a modernidade medico-filosófica e despoletou a tradição dualista do homem: que este é constituído por uma alma, a substância pensante, imaterial, localizada no cérebro, e por um corpo material constituído por vá-

---

[536] Fullford, K.W.M., *Moral theory and medical practice*, 1989, p. 274.

[537] Frankl, V., *La psicoterapia al alcance de todos*, 1985, Herder Editorial, Barcelona, 1985, p. 25.

[538] Frankl, V., *La presencia ignorada de Dios*, Herder Editorial, Barcelona, 1985, p. 21.

[539] Frankl, V., *La psicoterapia al alcance de todos*, Herder Editorial, Barcelona, 1985, p. 173.

rios órgãos organizados entre si de modo maquinal, entre os quais o cérebro que foi tido como o local onde estaria alojada a alma.

A explicação cartesiana de que o corpo tem um funcionamento similar ao de um relógio, levou a que o corpóreo tivesse conquistado a primazia científica, consistência médica e relevância terapêutica. Por outro lado, como a substância pensante não é manuseável, foi homologada à corporalidade, donde proveio a ideia de que a desordem mental é uma quebra da ordem e do funcionamento dos mecanismos cerebrais, quer dizer, disfunção orgânica.

Se acrescentarmos o contributo da literatura medico-filosófica e as *experimentações com ópio, no século XVIII, temos um crescimento exponencial do pensamento fisiológico e farmacológico*[540]. Com isto consolidou-se o raciocínio causal mecanicista neurofisiológico[541], base da psiquiatria do século XX, aceite quase sem questionamento até à década de 1960. Nesta altura, as críticas à psiquiatria fizeram-se ouvir. Por exemplo as filosofias da existência, como a heideggeriana que, procurando o ser do homem e o sentido da existência humana, propuseram que o existente humano, o *Dasein*, "é determinado pelo modo de ser que se empenha no mundo"[542]. Esta noção, de que o homem é essencialmente um existente

---

[540] Porter, R. e Teich, M., *Drugs and narcotics in history*, C.U.P., Nova Iorque, 1995, p. 2: "(...) it was experimentation with opium, in the eighteen century, that contributed vitally to the development of pharmacological and physiological thought".

[541] Ibidem, p. 52: "In the course of the eighteenth century the therapeutic use of opium became increasingly popular in western medicine (...) prescribed in numerous preparations not only as an analgesic and narcotic, but also as a diaphoretic and as a remedy against diarrhoea, vomiting and cough (...) considered to be helpful in various nervous and mental disorders".

[542] Heidegger, M., *Ser e Tempo*, Parte 1 e 2, Ed. Vozes, Petrópolis, 2001.*Ser e tempo*, 2001, p. 164: "(...) quem é a presença na quotidianidade? - é determinado pelo modo de ser que se empenha no mundo (...)". O tradutor utilizou o termo "presença" como tradução de *Dasein* que é o existente com capacidade de se questionar, o ser do homem. Diz ainda mais à frente, Heidegger, que uma das estruturas originárias do homem, é ser-no-mundo, tese que vemos claramente explanada nos textos de Merleau-Ponty; veja-se o que nos diz Heidegger, na página 152 deste texto: "A presença, no entanto, está e é 'no mundo', no sentido de lidar familiarmente na ocupação com os entes que vêm ao encontro dentro do mundo".

mundano, presente também na fenomenologia de Merleau-Ponty, já contém elementos filosóficos de Hegel. Veja-se este pensamento de Heidegger: "o ente que temos a tarefa de analisar somos nós mesmos (...) A essência deste ente está em ter de ser"[543]. O espírito hegeliano tem como essência, justamente, a liberdade, a necessidade de agir concebendo-se, isto é, *ser*.

Chegámos à conclusão que o modelo anatomo-fisiológico da psiquiatria não é suficiente para explicar a vida mental; o que se vive no mundo e o modo como cada um se vive a si mesmo são constituintes inalienáveis da consciência subjetiva que é simultaneamente auto--relação e co-participação mundana, ser-no-mundo.

O agir humano[544], conclui-se, não pode ser reduzido a um mosaico de reações físico-químicas ou fisiológicas, antes possui *significado subjetivo intrínseco*[545]; por isto, a desordem mental deve ser reconhecida como *rutura do sujeito consigo mesmo e com o mundo circunvizinho*[546].

O debate público sobre o tema, que marcou os anos 60 e 70, deu origem a um movimento que ficou conhecido como anti-psiquiatria. Várias interpretações sobre o fenómeno *psiquiatria* fizeram-se ouvir: segundo M. Foucault, a loucura serviu para criar uma moralidade e um mecanismo de controlo social por parte das elites das sociedades burguesas e industrializadas que queriam manter o poder; a denúncia, por R.D. Laing, de que o desequilíbrio existencial está inscrito na relação que cada um estabelece com o mundo vivido, na forma como o interpreta e é afectado por ele; e ainda, Szasz, que afirma que não há a coisa "doença mental", que esta expressão é uma metáfora

---

[543] Ibidem, p. 77.

[544] Matthews, E., *Body-subjects and disordered minds: treating the whole person in psychiatry*, 2007, p. 126: "(...) its relations with its environment are not merely passive responses to external objects but determined by its own purpopses".

[545] Ibidem, p. 126.

[546] Matthews, E., "Body-subject and psychiatry", 2004, p. 193.

linguística com o propósito de consolidar o mercado da psicopatologia e o poder *lobbistico*.

A comunidade, melhor informada, compreendeu que vivia *dominada por uma estrutura simbólica*[547] medico-política cuja conceção defendia que o *eu*, e o desequilíbrio emocional e existencial, são produtos do metabolismo neurológico sujeitos a "tratamento" em caso de *avaria*; entre algumas das suas metáforas está a que compara a existência pessoal e a consciência a um termostato neuro-fisiológico passível de desarranjo. Os "medicamentos" usados para arranjar esta "avaria" são os psicofármacos. Conheceram-se também os resultados nefastos destas novas drogas na saúde, facto que originou indignação[548] e protesto consubstanciados neste movimento anti-psiquiátrico que, repugnando "tratamentos" como a cirurgia cerebral, o electrochoque ou os choques com insulina, pediu esclarecimentos quanto às definições e diagnóstico, e exigiu terapêuticas inóquas para a saúde, não apenas psíquica, mas na saúde em geral, pois consideraram estar perante *um problema da existência*.

Deixámos uma nota especial de atenção relativamente à designada *doença da hiperatividade e défice de atenção*, não apenas devido à agressão e repercussões nefastas ao nível do foro neurológico que provoca nas crianças, mas também porque deixa perceber esta nova estratégia de abordagem por parte da psiquiatria: o diagnóstico pedo-psiquiátrico precoce[549]; consta este de estudar, detetar e *tratar* ("seguir") psiquiatricamente, desde a infância, crianças com comportamentos "suspeitos", "prevenindo" que supostas "doenças" se instalem no futuro, por exemplo, na adolescência, acção que passa por informar os familiares,

---

[547] Žižek, S., "Cogito in the History of Madness", in *Less than nothing, Hegel and the shadow of dialectical materialism*, Verso, Londres, 2013, p. 336.

[548] Szasz, T., *The myth of the mental illness*, 2010, p. 78.-

[549] Breggin, P., *The antidepressant fact book*, 2001, p. 112.

introduzi-los na linguagem e no mundo da psiquiatria e, provavelmente, iniciar uma logo-psico-terapia farmacológica "preventiva".

Foram estes levantamentos sócio-culturais e historico-filosóficos, bem presentes e com tendência a permanecer, que nos levaram até ao filósofo "herdeiro dos românticos, de Fichte e Schelling"[550] que, tendo vivido uma época plena de oposições – sociais, políticas, religiosas, filosóficas –, estava acometido pela *força da necessidade de conhecer*[551], pela coragem de atingir a *verdade* e "promover o 'esclarecimento' dos povos"[552]; este filósofo fez brilhar "a estrela interior do espírito"[553] e concebeu a comunhão do seu tempo, a *res cogitans* com a *res extensa*, o espírito com a natureza, a arte, a religião e a filosofia com o homem, e neste, a consciência e a inconsciência, o racional e o irracional, o ser e o não-ser, enfim e especialmente, o encontro efetivo do espírito com as camadas arqueológicas do seu próprio devir, quer dizer, do espírito consigo mesmo: Georg W. F. Hegel.

A criação da consciência que testemunhamos na antropologia hegeliana relata uma transição dialética do espírito implícito, uma auto-realização que preserva a esfera natural: "sendo que toda a materialidade é superada e preservada através do espírito implícito e operativo na natureza, e que esta preservação superadora se acaba como substância da alma, a alma surge como a idealidade de tudo o

---

[550] Kroner, R., "Introduction: hegel's philosophical developments", in Hegel, G. W. F., *Early theological writings*, University of Pennsylvania Press, Filadélfia, 1996, p. 20: "He is the heir of the Romanticists, of Fichte and of Schelling (...)".

[551] Ferreira, M., "Discurso inaugural da docência de Filosofia na universidade de Berlim", in *Prefácios*, I.N.C.M., 1990, p. 161: "(...) a seriedade mais sólida é em si e para si mesma a seriedade da verdade, de conhecer. Esta necessidade, mediante a qual a natureza espiritual se diferencia da (natureza) (...)".

[552] Hegel, G. W. F., *Introdução às lições sobre História da Filosofia*, tradução de José Barata-Moura, Porto Editora, Porto, 1995, p. 37.

[553] Ferreira, M., "Discurso inaugural da docência de Filosofia na universidade de Berlim", in *Prefácios*, I.N.C.M., 1990, p. 169: "Só uma estrela brilha, a estrela interior do espírito; ela é a estrela polar".

que é material"[554]; o espírito, possibilidade eterna, *não é uma entidade imaterial separada do seu corpo natural*[555], uma espécie de sopro divino, é o homem que disfruta da infinitude de poder *ser*, e que, para existir, quer o "seu" corpo.

Este ponto da ontologia do espírito, quando o inconsciente e o consciente disputam a função da primazia do espaço psíquico é a loucura (*Verrücktheit*), fase psíquica que surge justamente no movimento criador da consciência, a aperceção de si que preserva a esfera pulsional nas operações normais da racionalidade; é também este conflito que se manifesta nas formas extremas de contradição intra-psíquica, isto é, na desordem/doença mental: "as enfermidades psíquicas têm que ver com o conflito entre a consciência e a inconsciência"[556].

É a base da psicanálise. Freud quis resolvê-lo com a "técnica da associação livre"[557]. Trata-se de uma impremeditável similitude com a dialética hegeliana: o homem, quer dizer, o espírito, escapa da loucura mediante a autonomia concetiva; a subjetividade em acção humaniza o elemento pulsional inconsciente que bloqueia a fluidez psíquica, portanto, a emergência do *Eu*. Já podemos dizer a Paul Ricoeur que afinal não foi *depois de Freud que a consciência passou a ser vista como tarefa*[558]: foi com Hegel.

---

[554] Hegel, G. W. F., *Enzyklopädie*, 2012, § 389-Z: "Indem so alles Materielle durch den in der Natur wirkenden an sich seienden Geist aufgehoben wird und diese Aufhebung in der Substanz der Seele sich vollendet, tritt die Seele als die Idealität alles Materiellen (...)".

[555] Ibidem, § 389: "(...) nicht nur für sich (...)".

[556] Alvarez, F., *Veredas del espíritu: de Hume a Freud*, 2007, p. 267: "Las enfermedades psíquicas tienen que ver com el conflito entre consciencia e inconsciencia (...)". Para a mesma tese, em Merleau-Ponty, ver Liebsch, B., "Arqueological Questioning: Merleau-Ponty and Ricoeur", in *Merleau-Ponty in contemporary perspective*, 1993, p. 17: "(...) Merleau-Ponty refers to psychoanalysis as implying an archeological conception of the individual's prehistory of conflits wich, in their unconscious, body dynamics, seem to bring us outside ourselves to existence".

[557] Ibidem, p. 265: "(...) terapéutica (...) Para ello se servirá de la técnica de la asociación libre, gracias a una terapia basada en el lenguaje".

[558] Ricoeur, P., *Le conflit des interprétations*, Éditions Seuil, Paris, 1969, p. 110.

Também o estudámos com Laing. Na profundidade ontológica, a dialética psíquica é primeira relativamente à corporalidade: a relação do espírito-natural consigo mesmo procura a conciliação íntima antes de se projetar no mundo: o "divórcio do si mesmo, do seu corpo, destrói a participação direta do si mesmo descorporalizado em qualquer aspeto da vida do mundo"[559].

A comunhão íntima da espiritualidade e do corpo é hegeliana: "diz, Platão, no 'Timeu', que Deus criou o fígado e dotou-o com a *manteia*, a faculdade da adivinhação, de modo que a parte irracional da alma pudesse participar em certa medida na verdade. E acrescenta que esta doação de predicatividade à irracionalidade, por Deus, é prova suficiente de que nehuma pesssoa totalmente auto-possuída toma parte na adivinhação pura, pois o entendimento fica aprisionado no sono ou é transportado para fora de si através da doença ou do entusiasmo"[560]. A compreensão ao estilo hegeliano do que é a conceção (*begreifen*) do todo espíritual-pulsional do homem é uma efetivação no domínio do real na qual o fígado participa. Este gesto da comunhão interior é a obra de arte por excelência: o próprio homem.

Apesar da vida da alma, o estádio psíquico, se referir essencialmente à auto-relação, o homem só sente porque está ligado ao mundo[561]. Portanto, o espírito não existe no modo transcendente, suspenso do mundo, já é originariamente misturado através do corpo dos sentidos.

---

[559] Laing, R. D., *The divided self*, 1960, p. 71: "Such a divorce of self from body deprives the unembodied self from direct participation in any aspect of the life of the world (...)". Ver também Hegel, *Enzyklopädie*, 2012, § 406-Z: "Die Krankheitszustände, in welchen solche Trennung des Seelenahften vom geistigen Bewußtsein hervortritt (...)".

[560] Hegel, G. W. F., *Enzyklopädie*, 2012, § 406-Z: "Platon sagt im Timaios (Steph. 71 f.), damit auch der unvernünftige Teil der Seele einigermaßen der Wahrheit teilhaftig werde, habeGott die Leber geschaffen und ihr die Manteia, das Vermögen, Gesichte zu haben, gegeben. Daß Gott der menschlichen Unvernunft dies Weissagen gegeben, davon, fügt er hinzu, ist dies ein hinreichender Beweis, daß kein besonnener Mensch eines wahrhaften Gesichtes teilhaftig wird, sondern es sei, daß im Schlafe der Verstand gefesselt oder durch Krankheit oder einen Enthusiasmus außer sich gebracht ist".

[561] Hegel, G. W. F., *Enzyklopädie*, 2012, § 406.

A "narcotização", no nosso caso, a medicalização, neurologicamente dirigida para resolver algum desequilíbrio do viver, não apenas produz efeitos secundários nefastos como paralisa a capacidade dialética íntima da vida da alma, exatamente o que promove o acesso a si mesmo e resollve a *loucura*. Por essa razão consideramos desadequadas as abordagens bio-mecano-psíquicas que o modelo neuro-científico faz ao sofrimento pessoal. Evocamos a crítica que Hegel fizera à Psicologia clássica: que, *subordinando o espírito às leis naturais da causa-efeito, portanto, a fatores exteriores a si mesmo, esquece que ele se efetiva a partir de si mesmo necessariamente, do seu próprio germen, o seu conceito*[562], na sua liberdade. Daqui, defendemos uma *abordagem terapêutica psicológica às desordens mentais*[563].

Imune aos constrangimentos da sua época, Hegel mostrou assim que a loucura não é um fenómeno extra-humano, antes habita o seio da própria razão[564], facto que permite concluir a presença do *não-ser* no homem, *a possibilidade (a liberdade) da não realização*[565]. Concluímos da antropologia filosófica da génese da consciência que a conflitualidade interna, habitando as mesmas estruturas da racionalidade, nos permite sustentar que o homem tem em si a possibilidade da cura. Assim, se a força dialetico-compreensiva tem primazia relativamente à orgânica, a terapia principal da desordem mental passa, não pelas técnicas físicas, químicas ou mecânicas, mas principalmente pela

---

[562] Ibidem, § 379-Z.

[563] Eysenck, H, *Handbook of abnormal psychology: an experimental approach*, Pitman medical publishing, Londres, 1960, p. 3.

[564] Žižek, S., "Cogito in the History of Madness", in *Less than nothing, Hegel and the shadow of dialectical materialism*, Verso, Londres, 2013, p. 333. A pergunta de Žižek representa, de um modo geral, a grande questão: se a Loucura é uma exterioridade da razão ou uma hipérbole do núcleo racional. Para **Foucault,** *o cogito cartesiano funda-se excluindo a loucura,* **para Derrida,** *a razão cartesiana controla o seu estiramento,* **os seus excessos; para Lacan, está** *na passagem* **da realidade à simbolização da realidade; para Hegel é** *interior à razão* **(pp. 332-335).**

[565] Kojève, Introducción a la lectura de Hegel, 2013, p. 14: "El ser libre consiste en un haberse acerca de esse No, consiste en la negatividade".

abordagem psíquica, também defendida por Philippe Pinel: a estimulação da dialética psíquica desbloqueia o fluxo da consciência e adequa o homem a si mesmo, a salvo da loucura da desagregação interior, tal como o preconizarão Freud e R. D. Laing no século seguinte.

Em jeito hegeliano terminamos: voltamos ao início, aos primeiros escritos, para envolver o todo mostrando o homem como processo vital, aos textos onde o filósofo revela a influência do amigo *Friedrich Schelling que via no Amor a finalidade da razão encarnada e da liberdade*[566]. Também "a filosofia original de Hegel pode ser chamada de 'Panteísmo do Amor' "[567] na medida em que deseja curar "os conflitos do íntimo do homem, entre homem e homem, entre homem e natureza"[568].

Por conseguinte, a *Antropologia*, o trilho da alma, é o estádio onde o espírito se conhece sentindo e se sente existente, vivo e infinito. Confiante, projeta-se para o mundo e para a História assente na capacidade infinita da consciência que ironicamente emerge da loucura e do amor, verdades do homem.

---

[566] Trias, E., (Prólogo), in Álvarez, F., *Schelling, el sistema de la libertad*, 2004, p. 17. Ver ainda, na página 36, que o Amor é, para Schelling, "a base que explica todo o processo do nascimento do mundo, do desenvolvimento da Natureza e do avatar da História" (a tradução é nossa).

[567] Kroner, R., "Introduction: Hegel's philosophical developments", 1996, p. 11: "Hegel's first original philosophy might be called a 'Pantheism of Love'".

[568] Ibidem, 302: "Hegel seems to have been thinking (...) the oppositions within man, between man and man, between man and nature (...)" (referência ao "Fragmento do amor" 1797-1798). Para Hegel, "no amor, os separados mantêm-se, já não como coisas separadas, mas unidos".

BIBLIOGRAFIA

Temas gerais

ADAMSON, P. e RICHARD, R., *The Cambridge companion to Arabic Philosophy*, Cambridge University Press, 2005.

ALVES, P., *Os princípios da metafísica de Descartes, exposição e comentário da metafísica cartesiana*, Ed. Colibri, Lisboa, 2002.

AUSTIN, J. L., *A plea for excuses*, Oxford University Press, 1968.

BELL, D. e KENNEDY, B., *The cybercultures reader*, Ed. Routledge, Nova Iorque, 2000.

CARVALHO, M., *Falsafa*, Editora Ariadne, Coimbra, 2006.

CARVALHO, M., *A novidade do mundo: Henrique de Gand e a metafísica da temporalidade no sec. XIII*, Fund. C. Gulbenkian, 2001.

COURTINE, J. e HAROCHE, C., *História do rosto*, Ed. Teorema, Lisboa, 1995.

DESCARTES, R., *L'Homme et un traité de la formation du foetus*, Edição bilingue, Prensas Universitarias de Zaragoza, Zaragoza, 1987.

DESCARTES, R., *Princípios da Filosofia*, Porto Editora, 1995.

DIXON, J. e CASSIDY, E., *Virtual futures*, Ed. Routledge, Nova Iorque, 1998.

ELIADE, M., *Ferreiros e alquimistas*, Relógio d'água editores Lda., Lisboa, 1987.

ELIADE, M., *O sagrado e o profano. A essência das religiões*, Livros do Brasil, Lisboa, 2002.

ELIADE, M., *O xamanismo e as técnicas arcaicas do êxtase*, Ed. Martins Fontes, S. Paulo, 2002.

ELIAS, N., *O processo civilizacional*, Publicações Dom Quixote, Lisboa , 2006.

EPICURO, *Carta sobre a felicidade ou a conduta humana para a saúde do espírito*, Padrões culturais editora, Lisboa, 2008.

FREZZATI Jr., W., "Haeckel e Nietzsche: aspectos da crítica ao mecanicismo no século XIX", in *Scientiae studia*, vol. 1, n°4, 2003, pp. 435-461.

FONTENROSE, J., *Python: a study of delphic myth and its origins*, University of California, 1980.

GIL, J., *A imagem-nua e as pequenas percepções*, Relógio d'água editores Lda., 2005.

GIL, J., *Metamorfoses do corpo*, Relógio d'água editores Lda., 1997.

GIL, J., *Monstros*, Relógio d'água editores Lda., 2006.

GOMARASCA, A., *Poupées, robots, la culture pop japonaise*, Ed. Autrement, Coll. Mutations, Paris, 2002.

GRIMAL, P., *Dicionário da mitologia grega e romana*, Ed. Difel, Lisboa, 1999.

HEIDEGGER, M., *Ser e Tempo*, Parte 1 e 2, Ed. Vozes, Petrópolis, 2001.

HALDANE, J., *Practical Philosophy*, University of St. Andrews, Imprint Academic, Exeter, 2009.

HELMREICH, S., *Silicon Second Nature, culturing artificial life in a digital world*, California University, 1998.

HENRIQUES, F., *A Filosofia de Paul Ricoeur* (Temas e percursos), Ed. Ariadne, Coimbra, 2006.

JAEGER, W., *Cristianismo primitivo e paideia grega*, Ed. 70, 2003.

KIRK, G., RAVEN, J. e SCHOFIELD, M., *Os filósofos pré-socráticos*, Fundação C. Gulbenkian Lisboa, 1994.

LE BRETON, D. *L'adieu au corps*, Ed. Métailié, Paris, 1999.

LEVY, S., *Vida artificial*, Ed. D. Quixote, Lisboa, 1993.

LOCKE, J., *An essay concerning human understanding*, London, T.W. e Edm. Parker, 6ª edição, 1726.

RICOEUR, P., *La métaphore vive*, Éditions du Seuil, Paris, 1975.

RICOEUR, P., *Le conflit des interprétations*, Éditions du Seuil, Paris, 1969.

SOLOMON, R. e HIGGINS, K., *A short history of Philosophy*, Oxford University Press, 1996.

STRAUSS, E., *Du sens des sens*, Ed. J. Millon, Grenoble, 1989.

WEBER, M., *Sociologia das religiões*, Relógio d'água editores Lda., 2006.

VIRILIO, P., *Velocidade de libertação*, Ed. Relógio d'Água, Lisboa, 2000.

Vocabulaire européen des philosophes, Ed. Seuil, Paris, 2004.

Filosofia alemã

AESCH, A., *El Romanticismo alemán y las ciencias naturales*, Espasa Calpe, Buenos Aires, 1947.

ÁLVAREZ, F., *Schelling, el sistema de la libertad*, Herder Editorial, Barcelona, 2004.

ÁLVAREZ, F., *Veredas del espíritu: de Hume a Freud*, Herder Editorial, Barcelona, 2007.

AMERIKS, K., *The Cambridge companion to German Idealism*, Cambridge University Press, 2000.

BEISER, F., *The Cambridge companion to Hegel*, Cambridge University Press, 1993.

BERTHOLD-BOND, D., *Hegel's theory of madness*, State University of New York Press (S.U.N.I. Press)S.U.N.I., Nova Iorque, 1995.

BERTHOLD-BOND, D., "Hegel, Nietzsche and Freud on madness and the unconscious", in *The journal of speculative Philosophy*, nº 3 (1991): pp. 193-213.

BOURGEOIS, B., *Encyclopédie des sciences philosophiques I, La science de la logique*, Librairie Philosophique J. Vrin, Paris, 1979.

BOURGEOIS, B., *Hegel, les actes de l'esprit*, Librairie Philosophique J. Vrin, Paris, 2001.

BURBIDGE, J., *The logic of Hegel's Logic: an introduction*, Broadviews Press, Canadá, 2006.

BUTLER, C. e SEILER, C., *Hegel: the letters*, Indiana University Press, Bloomington, 1984.

CHRISTENSEN, D., "Hegel's phenomenological analysis and Freud's Psychoanalysis", in *International philosophical quarterly*, 8, nº 3, 1968.

De VRIES, W., *Hegel's theory of mental activity: an introduction to theoretical spirit*, Cornell University Press, E.U.A., 1992.

ELLIS, R., *An ontology of consciousness*, Martinus Nijhoff Pub., Dordrecht, Holanda, 1986.

FERRARINI, A., *Hegel and Aristotle*, Cambridge University Press, Nova Iorque, 2004.

FERREIRA, M., *Hegel e a justificação da Filosofia*, I.N.C.M., Lisboa, 1992

FERREIRA, M., *Prefácios*, I.N.C.M., Lisboa, 1990.

FERRER, D., *Lógica e realidade em Hegel, a ciência da Lógica e o problema da fundamentação do Sistema*, Centro de Filosofia, Lisboa, 2006.

FERRER, D., "Hegel e as patologias da ideia", in Revista Filosófica de Coimbra, 27, F.L.U.C., Coimbra, 2005.

FERRER, D., *Metafísica e crítica em Fichte: a doutrina da Ciência de 1805*, Lisboa, 1992.

FIALKO, N., "Hegel's view on mental derangement", in *Journal of abnormal and social psychology*, Manhattan State Hospital, Nova iorque, 1930.

FINDLAY, J., *Hegel: a re-examination*, G. Allen and Unwin, London, 1958.

FRANK, M., *The philosophical foundations of early german romanticism*, S.U.N.I. Press, Nova Iorque, 2004.

GADAMER, H. G., *La dialectica de Hegel*, Ed. Catedra, Madrid, 1988.

GREENE, M., *Hegel on the soul, a speculative Anthropology*, Martinus Nijhoff, The Hague, Holanda, 1972.

GRIER, P., *Identity and Difference: studies in Hegel's Logic, Philosophy of Spirit, and Politics*, S.U.N.I. Press, Nova Iorque, 2007.

HARRIS, E., "Hegel's Anthropology", in *Owl of Minerva*, 25, nº 1, 1993, pp. 5-14.

HARRIS, E., *Nature, mind and modern science*, Allen and Unwin, London, 1954.

HARRIS, H. S., *Toward the sunlight, 1770-1801*, Oxford University Press, Nova Iorque, 1972.

HARTMANN, N., *A filosofia do idealismo alemão*, 2ª edição, Fundação Calouste Gulbenkian, Lisboa, 1983.

HEGEL, G. W. F., *Early theological writings*, University of Pennsylvania Press, 1988.

HEGEL, G. W. F., *Enzyklopädie der Philosophischen Wissenschaften*, III, Werke 10, Suhrkamp Verlag, Alemanha, 2012.

HEGEL, G. W. F., *Enciclopédia das ciências filosóficas em epítome*, vol. III, Ed. 70, 1992.

HEGEL, G. W. F., *Diferença entre os sistemas filosóficos de Fichte e Schelling*, tradução de Carlos Morujão, I.N.C.M., Lisboa, 2013.

HEGEL, G. W. F., *Grundlinien der Philosophie des Rechts*, Felix Meiner, Hamburg, 1995.

HEGEL, G. W. F., *Introdução às lições sobre a História da Filosofia*, Porto Editora, Porto, 1995.

HEGEL, G. W. F., *Phenomenology of Spirit*, Tradução de A. V. Miller, Oxford University Press, Oxford, 1977.

HEGEL, G. W. F., *Philosophy of Mind*, Tradução de W. Wallace e A. V. Miller, Introdução de M. Inwood, Oxford University Press, Nova Iorque, 2007.

HEGEL, G.W.F., *Vorlesungen über die Philosophie des Geistes*, Berlin 1827/1828, Nachgeschrieben von Johann Eduard Erdmann und Ferdinand Walter, in *Vorlesungen: Ausgewählte Nachschriften und Manuskripte*, Band 13, Felix Meiner, Hamburg, 1994.

HEGEL, G.W.F., Gesammelte Werke: *Enzyklopädie der Philosophischen Wissenschaften im Grundrisse* (1830), Band 20, Felix Meiner Verlag, Hamburg, 2000.

HEIMSOETH, H., *Fichte*, Revista de Occidente, tradução de Manuel Morente, Madrid, 1931.

HENRICH, D., *Between Kant and Hegel, lectures on german idealism*, Ed. David S. Pacini, 2002.

HOULGATE, S., *An introduction to Hegel: Freedom, truth and history*, Ed. Blackwell, Oxford, 2005.

HOULGATE, S., *The openings of Hegel's Logic*, Purdue University Press, West Indiana, 2006.

HOULGATE, S., *The Hegel reader*, Blackwell Publishing, Oxford, 1998.

HOULGATE, S. e BAUR, M., *A companion to Hegel*, Blackwell Publishing Ltd., Oxford, 2011.

HYPPOLITE, J., *Ensaios de Psicanálise*, Livrarias Taurus-Timbre Editores, Rio de Janeiro, 1989.

JANET, P., *Études sur la dialectique dans Platon et dans Hégel*, Livrairie Philosophique de Ladrange, Paris, 1861.

KOJÈVE, A., *Introducción a la lectura de Hegel*, Ed. Trotta, Madrid, 2013.

KRONER, R., *El desarrollo filosófico de Hegel*, Ed. Leviatan, Buenos Aires, 1981.

LEWIS, T., *Habit, reflection and freedom: from Anthropology to ethics in Hegel*, UMI dissertation services (Dissertação de Doutoramento), Universidade de Stanford, E.U.A., 1999.

LÖWITH, K., *From Hegel to Nietzsche: the revolution in nineteen-century thought*, Columbia University Press, Nova Iorque, 1964.

MAKER, W., *Philosophy without foundations: rethinking Hegel*, S.U.N.I. Press, Albany, E.U.A., 1994.

MALABOU, C., *L'avenir de Hegel: plasticité, temporalité, dialectique*, Librairie Philosophique J. Vrin, Paris, 1996.

MILLS, J., *The unconscious abyss, Hegel's antecipation of psychoanalysis*, S.U.N.I. Press, 2002.

MILLS, J., "Dialectical Psychoanalysis: toward process psychology", in *Psychoanalysis and contemporary thought*, 23(3), pp. 20-54, 2000.

MURE, G., *A study of Hegel's Logic*, Claredon Press, Oxford, 1950.

MURRAY, G., *Hegel on the soul: a speculative Anthropology*, Martinus Nijhoff Pub., 1972.

NANCY, J. L., *The restlessness of the negative*, University of Minnesota Press, E.U.A., 2002.

OLSON, A., *Hegel and the spirit*, Princeton University Press, Princeton, E.U.A., 1992.

PETRY, M. J. (edição, tradução e notas), *Hegel's philosophy of subjective spirit*, Vol. 1: Introductions; Vol. 2: Anthropology; Vol. 3: Phenomenology and Psychology, D. Reidel Publishing Company, E.U.A., 1978.

PETRY, M. J. (edição, tradução e notas), *Hegel's philosophy of nature*, Vol. 1,2,3, Unwin brothers limited, Woking e Londres, 1970.

PINKARD, T., *Hegel's Naturalism, Mind, Nature, and the final Ends of Life*, Oxford University Press, Nova Iorque, 2012.

PINKARD, T., *German Philosophy, 1760-1860: the legacy of Idealism*, Cambridge University Press, Nova Iorque, 2002.

PIPPIN, R., *Hegel's idealism: the satisfactions of self-consciousness*, Cambridge University Press, Cambridge, Inglaterra, 1989.

PIPPIN, R., *Hegel's practical philosophy, racional agency as ethical life*, Cambridge University Press, Nova Iorque, 2008.

PRIEST, S., *Hegel's critique of Kant*, Oxford University Press, Oxford, 1987.

ROGERS, D., *America's first women philosophers. Transplanting Hegel, 1860-1925*, Antony Rowe Ltd, Wilts, Inglaterra, 2005.

RUSSON, J., *The self and its body in Hegel's Phenomenology of Spirit*, U. T. P., Toronto, Canadá, 1997.

SOLOMON, R., HIGGINS, K., *The age of german idealism*, Nova Iorque, Ed. Routledge, 2004.

STACE, W., *The philosophy of Hegel*, Dover Publications, Nova Iorque, 1955

STEDEROTH, D., *Hegel Philosophie des subjektives Geistes*, Akademie Verlag, Berlim, 2001.

STIEHLER, G., *Hegel y los orígenes de la dialectica*, Editorial Ciencia Nueva, Madrid, 1964.

WERLE, M., *Hegel, Ciência da Lógica: excertos*, Ed. Barcarolla, S. Paulo, Brasil, 2011.

YOUNG, W., *Hegel's dialectical method, it´s origins and religious significance*, Craig Press, E.U.A., 1972.

ŽIŽEK, S., "Cogito in the History of Madness", in *Less than nothing, Hegel and the shadow os dialectical materialism*, Verso, Londres, 2013.

ŽIŽEK, S., *Tarrying with the negative, Kant, Hegel and the critique of ideology*, D.U.P., E.U.A., 1998.

ŽIŽEK, S., *The sublime object of ideology*, Ed. Verso, Londres/Nova Iorque, 1989.

Fenomenologia

BARBARAS, R., *Le tournant de l'expérience, recherches sur la philosophie de Merleau-Ponty*, Livrairie Philosophique J. Vrin, Paris, 1998.

BARBARAS, R., *Merleau-Ponty*, Ed. Ellipses, Paris, 1997.

BARBARAS, R. (coordenador), *Merleau-Ponty, notes de cours sur l'origine de la géométrie de Husserl, suivi de recherches sur la phenomenology de Merleau-Ponty*, P.U.F., Paris, 1998.

BUCHANAN, B., *Ontoethologies: the animal environments of Uexküll, Heidegger, Merleau--Ponty, and Deleuze*, S.U.N.I. Press, Nova Iorque, 2008.

BALDWIN, T., *Reading Merleau-Ponty, on Phenomenologie of perception*, Routledge, Londres, 2007.

BURKE, P. e VEKEN, J., *Merleau-Ponty in contemporary perspective*, Phaenomenologica: vol. 129, Springer-Science+Business Media, B.V., Dordrecht, Holanda, 1993.

CANTISTA, M., "Em busca do sentido originário: a reflexão fundacional em Merleau--Ponty", in *Subjectividade e Racionalidade*, Campo das letras, Porto, 2006.

DASTUR, F., "Qu'est-ce que la daseinsanalyse?", in *Phainomenon*, Centro de Filosofia da Universidade de Lisboa, número 11, Outubro de 2005.

DIAS, I., "Para uma fenomenologia da subjectividade", in *Subjectividade e Racionalidade, uma abordagem fenomenológico-hermenêutica*, Campo das Letras, Porto, 2006.

DIAS, I., *Uma ontologia do sensível: a aventura filosófica de Merleau-Ponty*, Centro de Filosofia da Universidade de Lisboa, Tese de Doutoramento, 1994.

DILLON, M., *Merleau-Ponty´s ontology*, Indiana University Press, Indiana, 1988.

FURLAN, R., "A noção de 'comportamento' na filosofia de Merleau-Ponty", in *Estudos de Psicologia*, 5(2), U. de S. Paulo, 2000, pp. 383-400.

GERAETS, T., *Vers une nouvelle philosophie transcendentale, La génese de la philosophie de Maurice Merleau-Ponty jusqu'à la Phénoménologie de la perception*, Ed. Martinus Nijhoff, Haia, Holanda, 1971.

LEFEUVRE, M., *Merleau-Ponty, au dela de la Phénoménologie du corps, de l'être et du langage*, Université de Lille III, 1977.

Magazine Litteraire nº411, Societé des gens de lettres de France, Paris, 2002.

MATTHEWS, E., *Compreender Merleau-Ponty*, Ed. Vozes, Petrópolis, 2010.

MATTHEWS, E., "Merleau-Ponty's body-subject and psychiatry", in *International Review of Psychiatry*, Brunner Routledge/Taylor and Francis healthsciences, 2004, vol. 16 (3), pp. 190-198.

MERLEAU-PONTY, M., *La structure du comportement*, P.U.F., Paris, 1953.

MERLEAU-PONTY, M., *Phenoménologie de la perception*, Librairie Gallimard, Paris, 1945.

MERLEAU-PONTY, M., *Psicologia e pedagogia da criança*, Ed. Martins Fontes, São Paulo, 2006.

MICHELA, M. e PARISOLI, M., *Penser le corps*, P.U.F., Paris, 2002.

PAREDES MARTÍN, M.D.C., *Teorias de la intencionalidad*, Ed. Síntesis, 2007.

RICHIR, M., *Le corps, essai sur l'intériorité*, Ed. Hatier, Paris, 1993.

SAENZ, M., "De la sensibilidad a la inteligibilidad, rehabilitación del sentir en Maurice Merleau-Ponty", in *Phainomenon*, n° 14, Lisboa.

SOMBRA, J., *A subjectividade corpórea, a naturalização da subjectividade na filosofia de Merleau-Ponty*, Ed. Unesp, S. Paulo, 2006.

UEXKÜLL, J. V., *Mondes animaux et monde humain, suivi de théorie de la signification*, Médiations Denoël, Paris, 1965.

Filosofia e Psiquiatria

ABREU, J. L., *Introdução à Psicopatologia compreensiva*, Fundação Calouste Gulbenkian, Coimbra, 1994.

ADEBIMPE, V., COHEN, E., "Schizophrenia and affective disorder in black and white patients: a methodological note", in *Journal of national* Association, vol. 81, n°7.

Apontamentos das aulas da cadeira de Psiquiatria, Faculdade de Medicina da Universidade de Coimbra, 2006 (documento policopiado).

ARIDA, R., CAVALHEIRO, E., SCORZA, F., VIEIRA, D., "Judo: ippon scored against epilepsy", in *Epilepsy & Behaviour*, volume 17, issue 1, January 2010.

BERRIOS, G. E., *The history of mental symtoms, descriptive psychopathology since the nineteenth century*, Cambridge University Press, Nova Iorque, 1996.

BERRIOS, G. E., "Phenomenology and psychopathology: was there ever a relationship?" in *Comprehensive Psychiatry*, 34, pp. 213-220.

BERRIOS, G. E. e PORTER, R., *History of clinical psychiatry: the origins and history of psychiatric disorders*, Athlone Press, Londres, 1995.

BISWANGER, L., *Introduction a l'analyse existentielle*, Ed. Minuit, 1971.

BOLTON, D., *What is mental disorder? An essay in philosophy, science and values*, Oxford University Press, Nova Iorque, 2008.

BOORSE, C., "What a theory of mental health should be", in *Journal for the theory of social behavior*, 6 (1), 1976, pp. 61-84.

BREGGIN, P. R., *The antidepressant fact book*, Perseus book group, Cambridge, 2001.

BURNS, T., *Psychiatry, a very short introduction*, Oxford University Press, Nova Iorque, 2006.

CAREL, H., *Illness*, Ed. Acumen, 2008.

CLAIR, J. (coordenador), *L'ame au corps, arts et sciences 1793-1993*, Ed. Gallimard, Paris, 1993.

CANGUILHEM, G., "Le normal et le pathologique", in *La recherche*, hores série, 12, Le corps humain, 2003.

CAPLAN, P., "How do they decide who is normal? The bizarre, but true, tale of the DSM process", in *Canadian Psychology*, 32 (2), 1991, pp. 162-170.

CAPLAN, P., *They say you're crazy: how the world's most powerful psychiatrists decide who's normal*, Addison-Wesley, Reading, E.U.A., 1995.

CAPLAN, P., MCCURDY-MYERS, J., GANS, M., "Should 'Pre-menstrual syndrome' be called a psychiatric abnormality?", in *Feminism & Psychology*, 2 (1), 1992, pp. 27--44.

COCKS, G., *Psychotherapy in the third reich: The Göring Institute*, Transaction Publishing, U.S.A/U.K., 1997.

CHARLAND, L., "Moral nature of the DSM-IV cluster B personality disorders", in *Journal of Personality Disorders*, 2006.

COOPER, R., *Classifying madness, a philosophical examination of the Diagnostic and Statistical Manual of Mental Disorders*, Springer, Dordrecht, Holanda, 2005.

COOPER, R., "What is wrong with the D.S.M.?", in *History of Psychiatry*, 15, pp. 5-25, Sage publications, 2004.

DAVIDSON, L., "Intentionality, identity and delusions of control in schizophrenia: a husserlian perspective", in *Journal of Phenomenological Psychology*, vol. 33, n.º 1, 2002.

Diagnostic and statistical manual of mental Disorders-Text Revision IV (DSM-IV-R), 1.ª edição da tradução, Lisboa, 2002.

ELKIS, H., *A evolução do conceito de esquizofrenia neste século*, Revista brasileira de Psiquiatria, 2000.

ENNIS, B., *Prisioners of psychiatry*, Brace & World, Nova Iorque, 1972.

EYSENCK, H., *Handbook of abnormal psychology: an experimental approach*, Pitman medical publishing, Londres, 1960.

FAWCETT, D. W., *Tratado de Histologia*, McGraw-Hill interamericana, Madrid, 1989.

FEDIDA, P. e SCHOTTE, J., *Psychiatrie et existence*, Ed. J. Millon, Grenoble, 1991.

FISH, F., « The concept of Schizophrenia », *in* Brit. J. Med. Psychology, 39, pp. 269-273, 1966.

FREIRE, I., *Raízes da Psicologia*, Editora Vozes, Petrópolis, 1998.

FOUCAULT, M., *História da Loucura*, Ed. Perspectiva, S. Paulo, 2004.

FRANKL, V., *La presencia ignorada de Dios*, Herder Editorial, Barcelona, 1985.

FRANKL, V., *La psicoterapia al alcance de todos*, Herder Editorial, Barcelona, 1985.

FREUD, S., *Esquema del psicoanálisis*, Debate Editorial, Madrid, 1998.

FULFORD, K. W. M., *Moral theory and medical practice*, Cambridge University Press, 1989.

FULFORD, K. W. M., "The potential of Medicine as a resource for Philosophy", *in Theoretical Medicine*, vol. 12, University of Oxford, 1991.

FULFORD, K. W. M., "Mental illness and the mind-brain problem: delusion, belief, and Searle's theory of intentionality", in *Theoretical Medicine*, nº 14, Oxford, 1993.

FULFORD, K. W. M., "Praxis makes perfect: illness as a bridge between biological concept of disease and social conceptions of health", in *Theoretical Medicine*, 14, 1993.

FULFORD, K. W. M., JACKSON, M., "Spiritual experience and psycopathology", *in* Philosophy, Psychiatry and Psychology, vol. 4, n.º 1, 1997.

FULFORD, K. W. M., THORNTON, T., GRAHAM, G., *Oxford textbook of philosophy and psychiatry*, Oxford University Press, Nova Iorque, 2006.

FLOREZ, J., *Farmacologia humana*, Ed. Masson-Salvat, Barcelona, 1992.

GALASINSKI, D., *Men and the language of emotions*, Ed. Palgrave, 2004.

GALASINSKI, D., *Men's discourses of depression*, Ed. Palgrave, 2008.

GALASINSKI, D., *Diagnostic criteria of psychiatrists' accounts of clinical significanc*, 12th international conference for Philosophy & Psychiatry, Lisboa, 2009.

GERRANS, P., *Delusions as performance failures*, vol. 6, University of Adelaide, Austrália, 2001.

GOFFMAN, E., *Asylums, Essays on the social situation of mental patients and other inmates*, Anchor Books, New Yook, 1961.

GUYTON, A., *Tratado de fisiologia médica*, Ed. McGraw-Hill-interamericana de España, Madrid, 1989.

HACKING, I., *Rewriting the soul*, Cambridge M.A., Harvard University Press, 1995.

HEALY, D., *The creation of Psychopharmacology*, Harvard U. P., Cambridge, Massachusetts, E.U.A., 2002.

HARRISON & al, *Harrison's Principles of internal medicine*, 15th edition, 2001.

HOUAISS, A., Dicionário Houaiss, Ed. Temas e debates, Lisboa, 2005.

HUBER, G., GROSS, G., SCHÜTTLER, R., "A long-term follow up Study of Schisophrenia: psychiatric course and prognosis, *in* Acta Psychiat. Scand., 1975, 52, pp. 49-57

Índice Nacional Terapêutico, Tupam Editores, 2008.

JASPERS, K., *General psycopathology*, The Jonh Hopkin's University press, 1997.

JENNER, F. A., ZAGALO-CARDOSO, J., MONTEIRO, A., CUNHA-OLIVEIRA, J., *"Esquizofrenia", uma doença ou alguns modos de se ser humano?*, Ed. Caminho, Lisboa, 1992.

Journal of Human Genetics, nº 54, 2009.

KELLY, G., *The Psychology of Personal Constructs: theory and personality* (vol 1), Ed. Routledge, Nova Iorque, 2003.

KENDELL, R. E., *Psychiatric diagnosis in Britain and the United States*, British Journal of Psychiatry-Spec 9, 1975, pp. 453-461.

KUTCHINS, H. e KIRK, S., *Making us crazy: DSM-The psychiatric bible and the creation of mental disorders*, Nova Iorque, Free Press, 1997.

LAING, R. D., *The divided self*, Pantheon Books, Nova Iorque, 1960.

MACHADO, M., *Alienação mental*, código do processo penal, Lisboa, 1993.

MALDINEY, H., *Penser l'homme et la folie*, Ed. J Millon, Grenoble, 1997.

MATTHEWS, E., "Choosing death: philosophical observations on suicide and euthanasia" in *Philosophy, Psychiatry and Psychology*, 5, pp. 107-112, 1998.

MATTHEWS, E., *Body-subjects and disordered minds: treating the whole person in psychiatry*, Oxford University Press, Nova Iorque, 2007.

MATTHEWS, E., "Blaming agents and excusing persons: the case of DID" in *Philosophy, Psychiatry and Psychology*, 10, pp. 169-174, 2003.

NEIGHBORS H. W., JACKSON, J. S., CAMPBELL L., WILLIAMS D., "The influence of racial factors on psychiatry diagnosis: a review and suggestions for research", in *Community of mental health journal*, 25(4): pp. 301-311, University of Michigam school of public health, E.U.A., 1989.

NORDENFELT, L., *Rationality and compulsion, applying action theory to psychiatry*, Oxford University Press, 2007.

NUSSBAUM, M., *The theraphy of desire*, Princeton University Press, 1994.

NUSSBAUM, M., *Upheavals of thought: the intelligence of emotions*, Cambridge University Press, Cambridge, Inglaterra, 2001.

PICKARD, H., *Mental illness is indeed a myth*, Psychiatry as Cognitive Science: Philosophical perspectives, Oxford University Press, 2009.

PICKARD, H., "Schizophrenia and the epistemology of self-knowledge", in *The European Journal of Analytic Philosophy: Special Edition in the Philosophy of Psychiatry*, Oxford centre for neuroethics, vol. 6, nº 1, Oxford, 2010.

PINEL, P., *Traité medico-philosophique sur l'aliénation mental*, 2ème ed. (1809), Ed. Ayer, Salem, 1976.

PIRES, C., *A depressão e o seu tratamento psicológico, Guia de auto-ajuda*, Ed. Diferença, Leiria, 2004.

PIRES, C., *A Depressão não é uma doença: saiba porque a Depressão não é uma doença nem existem antidepressivos*, Ed. Diferença, Leiria, 2002.

PIRES, C., *E quando o rei vai nu. Os problemas e as vítimas das drogas psiquiátricas*, Ed. Diferença, Leiria, 2003.

PIRES, C., *Manual de Psicologia, uma abordagem biopsicossocial*, 2.ª edição revista, Ed. Diferença, Leiria, 2003.

PIRES, C., *Psicologia da saúde*: as novas fronteiras da Psicologia, Revista portuguesa de Pedagogia, ano 20, pp. 279-300, Coimbra, 1986.

PLANTE, T., *Contemporary Clinical Psychology*, 2nd ed, John Wiley&Sons, Hoboken, New Jersey, 2005.

PORTER, R., *Madness, a brief history*, Oxford University Press, Oxford, 2002.

PORTER, R. e TEICH, M., *Drugs and narcotics in history*, Cambridge University Press, 1995.

PORTOCARRERO, M. L., *A comunicação existencial em K. Jaspers*, Separata de Biblos, LIII, Coimbra, 1977.

PORTOCARRERO, M. L., "Ética, saúde e bem-estar", in *Revista Filosófica de Coimbra*, vol. 17, 33, Coimbra, 2008.

POSTEL, J., *Genèse de la psychiatry, les premiers écrits*, Institut Synthélabo pour le progress de la connaissance, Luisant, 1988.

RADDEN, J., *The Philosophy of Psychiatry*, Oxford University Press, Nova Iorque, 2004.

RODRIGUES, A., "Karl Jaspers e a abordagem fenomenológica em psicopatologia", in *Revista latino-americana de Psicopatologia*, VIII, 4, pp. 754-768, 2005.

ROUVIÈRE, H. e DELMAS, A., *Anatomia humana*, tomos 1, 2, 3, Ed. Masson, Barcelona--México, 1988.

SADLER, J., *Rationales, values, and DSM-IV: the case of 'medication-induced movement disorders'*, Comprehensive Psychiatry, 37 (6), 1996, pp. 441-451.

SADLER, J., *Values and psychiatric diagnosis*, Oxford University Press, Nova Iorque, 2005.

STANGHELLINI, G., "Schizophrenic delusions, embodiement, and the background", in *Philosophy, Psychiatry and Psychology*, vol. 15, 2008.

SWAIN, G., *Dialogue avec l'insensé, essais d'histoire de la psychiatrie*, Ed. Gallimard, Paris, 1994.

SWAIN, G., *La question de la naissance de la psychiatrie au début du XIXème siècle*, Faculté de Médicine (these pour le doctorat en Medicine), Université de Caen, 1975.

SZASZ, T., *Schizophrenia: the sacred symbol of psychiatry*, Basic Books, Nerw York, 1976.

SZASZ, T., "Psychiatry and the control of dangerousness: on the apotropaic function of the term 'mental illness'" in *Thomas Szasz cybercenter for liberty and responsibility*, 23/05/2007.

SZASZ, T., *The myth of the mental illness*, Harper Collins publishers, Nova Iorque, 2010.

SZASZ, T., *The therapeutic state, Psychiatry in the mirror of current events*, Prometheus Books, Nova Iorque, 1984.

THINÉS, G., "L'oeuvre critique d'Erwin Strauss et la phenomenology", in *Psychiatrie et existence*, Editions J. Million, Grenoble, 1991.

THORNTON, T., "Mental illness and reductionism: can functions be naturalized?", in *Philosophy, Psychiatry & Psychology*, 7 (1), 2000, pp. 67-76.

TOOMBS, S., *Illness and the paradigm of the lived body*, in Theoretical Medicine, 9, E.U.A., 1988.

VAN STADEN, C. W., "Language mirrors relational positions in recovery: a response to commentaries by Falzer and Davidson, Gillet and Suppes", in *Philosophy, Psychiatry and Psychology*, 9, pp. 137-140, 2002.

VAN STADEN, C. W., "The need for trained eyes to see facts and values in psychiatric diagnosis", in *World Psychiatry*, 4, 2005.

VAN STADEN, W. C. e FULFORD, K. W. M., "Changes in semantics uses of first person pronouns as possible linguistic markers of recovery in psychoterapy" in *Australian and New Zealand Journal of Psychiatry*, 38, pp. 226-232, 2004.

VATZ, R., WEINBERG, L., "The rethorical paradigm in psychiatric history: Thomas Szasz and the myth of the mental illness", in *Discovering the history of Psychiatry*, Oxford University Press, 1994.

WAKEFIELD, J. C., "Disorder as harmfull dysfunction: a conceptual critique of DSM--III-R's definition of mental disorder", in *Psychological Review*, 99 (2), pp. 232-247.

ZIÓLKOWSKA, J., *Positions in doctor's questions during psychiatric interviews*, Sage pub, Poland, 2009.

Artigos consultados na rede internética (World Wide Web)

LAWSON, A., "Only you can cure yourself", in www.antipsychiatry.org/lawson.htm.

MAZZOLINI, R., "Schémas et modeles de la machine pensante (1662-1762)", in http://histsciences.univ-paris1.fr/i-corpus-evenement/FabriquedelaPensee/affiche-II-1.php.

MENAND, L., "Can Psychiatry be a Science?", www.newyorker.com/arts/critics/atlarge/2010/03/01/100301crat_atlarge_menand?currentPage=all, 01/03/2010.

MORNE, J., "Descartes, le corps de l'animal et le corps de l'homme", in http://pierre.campion2.free.fr/mornejdescartes.htm, 19/4/2004.

MOSCHER, L., "How drug company money has corrupted psychiatry", in www.antipsychiatry.org/*moscher.loren.1.htm*.

ROSS, A. e PAM, A., "Pseudoscience in biological psychiatry", in www.antipsychiatry.org/br-pibp.htm.

STEVENS, L., "Does mental illness exist?", in www.antipsychiatry.org.

JACKSON, D., "Myths of madness, new facts for old fallacies", in www.antipsychiatry.org/br-mom.htm.

STEVENS, L., "Schizofrenia, a nonexistent disease", in www.antipsychiatry.org.

STEVENS, L., "Psychiatry electroconvulsive shock treatment, a crime against humanity", in www.antipsychiatry.org.

STROUS, R., "Psychiatry during the nazi era", in *www.annals-general-psychiatry.com*, 2007.

WEITZ, D., "25 reasons why psychiatry must be abolished", in www.antipsychiatry.org/25reasons.htm.

Volunteers in psychotherapy, "Are personal and emocional problems diseases?", in www.antipsychiatry.org

http://www.successfulschizophrenia.org/

www.ingramcontent.com/pod-product-compliance
Lightning Source LLC
Chambersburg PA
CBHW051128160426
43195CB00014B/2389